Bohlen & Doyen · Die Chronik · 1950-2000

Impressum Nachdruck vom 1. Juni 2018

Herausgeber: Heinrich Doyen, Wiesmoor

Verlag: Adlerstein Verlag Wiesmoor - www.adlerstein-verlag.de

ISBN: 978-3-945462-81-2

Rechte: Nachdruckgenehmigung vom 20.06.2017
von Rechtsanwalt Marco-Hinnerk Fiddelke, Bremen

Impressum

Herausgeber: © Bohlen & Doyen GmbH
Hauptstraße 248
26639 Wiesmoor
Telefon: +49 (0) 49 44 / 301-0
Telefax: +49 (0) 49 44 / 301-130
Internet: http://www.bohlen-doyen.com
e-mail: info@bohlen-doyen.com

erschienen am 15. Januar 2000

Alle Rechte bei Bohlen & Doyen

Gesamtherstellung: Rautenberg-Druck GmbH, Leer

Fotos: Film- und Fernsehproduktion Klaus von Mandelsloh
Fotostudio Annegret Tuitjer
Foto Häger
Wings Film Gert Wagner
Schwabenflugbild
Flugfoto Nord Paul Klenke
Bohlen & Doyen Archiv

Aus dem Inhalt:

VORWORT DER UNTERNEHMENSGRÜNDER

Im Jahre 2000 kann unser Unternehmen auf ein 50jähriges Bestehen zurückblicken.

Es ist uns ein besonderes Anliegen, den Wegbegleitern und Freunden DANK zu sagen. DANK aber auch unseren Auftraggebern, denen wir uns verbunden fühlen und deren Treue unseren Erfolg möglich machte.

Zwischen uns als Auftragnehmer und den Auftraggebern ist in vielen Fällen ein Vertrauensverhältnis entstanden, das sich über Jahrzehnte fortgesetzt hat. Dieses Vertrauen zu rechtfertigen, war immer unser Bestreben.

Insbesondere danken möchten wir auch unseren Ehefrauen, die in den fünf Jahrzehnten zu uns gestanden haben. Gerade in den Anfangsjahren des Unternehmens haben sie viele Entbehrungen auf sich nehmen müssen.

Und schließlich gilt unser DANK ganz besonders unseren engagierten Mitarbeiterinnen und Mitarbeitern, die ihre ganze Kraft und ihr Können eingesetzt haben, um das Unternehmen nach oben zu bringen.

Arbeitseinsatz, Ideenreichtum, Fleiß und Ausdauer sind die Markenzeichen unserer Belegschaft. Viele Mitarbeiter sind oder waren 25 Jahre und mehr für unser Unternehmen tätig. Diese Firmentreue gewährleistet Kontinuität auch zu unseren Auftraggebern.

Der Fall der innerdeutschen Grenze brachte unternehmerische Herausforderungen für uns. Es wurden weitere Tochterfirmen gegründet, oder wir gingen Beteiligungen ein. Damit ist die Zahl unserer Belegschaftsmitglieder auf über 2.500 Mitarbeiterinnen und Mitarbeiter angewachsen. Das Unternehmen muß in einem Wettbewerb bestehen, der hohe Ansprüche stellt.

Wir haben erkannt, daß der wachsende Markt nicht an den nationalen Grenzen endet, sondern wir uns in einigen Unternehmensfeldern auch dem internationalen Markt stellen müssen.

Unseren Söhnen, die in den 80er Jahren verstärkt in die Unternehmensführung hineingewachsen sind, wünschen wir eine allzeit glückliche Hand zum Wohle des Unternehmens.

15. Januar 2000

Heinrich Bohlen   Heinrich Doyen

Die Entwicklung in 50 Jahren

1950 Heinrich Bohlen & Doyen Doyen machen sich als Fuhrunternehmer selbständig

1953 Erweiterung zum Bauunternehmen: erste Aufträge im Wegebau

1954 Einstieg in die Binnenschiffahrt

1958 Verlegung des Firmensitzes von der Luisenwieke nach Wiesmoor-Mitte

1961 Erste Beteiligung: Bodosta-Bau

1962 Einstieg in den Wasserbau

1964 Einstieg in den Rohrleitungsbau

1967 Einstieg in den Dükerbau

1968 Bau der ersten Gasdruckregel- und Meßanlage

1974 „Raus aus der Region": Rohrbau Rendsburg

1975 Die Firma feiert ihr 25jähriges Bestehen

1976 Erster Auslandsauftrag: Verlegung einer Wasserleitung im Persischen Golf

1979 Gründung der BoDo-Bau in Niederolm

1982 Einsatz der Kabelmeßfahrzeuge: Erweiterte Dienstleistung

1983 Betreibung der Abfalldeponien im Namen der Stadt Wilhelmshaven

1987 Die Junioren werden zu Geschäftsführern berufen.

1988 Gründung der Bohlen & Doyen Aktiengesellschaften

1989 Die Wende mit den neuen Chancen

1990 Einstieg in die steuerbare Horizontalbohrtechnik

1991 Gründung der GWU Gas-Wasser-Umwelt GmbH Gommern

Der Vertrag über den Kauf des Ersten LKW Büssing LD 6, einem LKW-Veteran aus dem Zweiten Weltkrieg, gekauft bei der Firma Osterkamp in Aurich.

Den Vertrag haben die Väter der Firmengründer, Martin Bohlen, Wilhelmsfehn und Gerd Doyen, Ostgroßefehn, unterzeichnet.

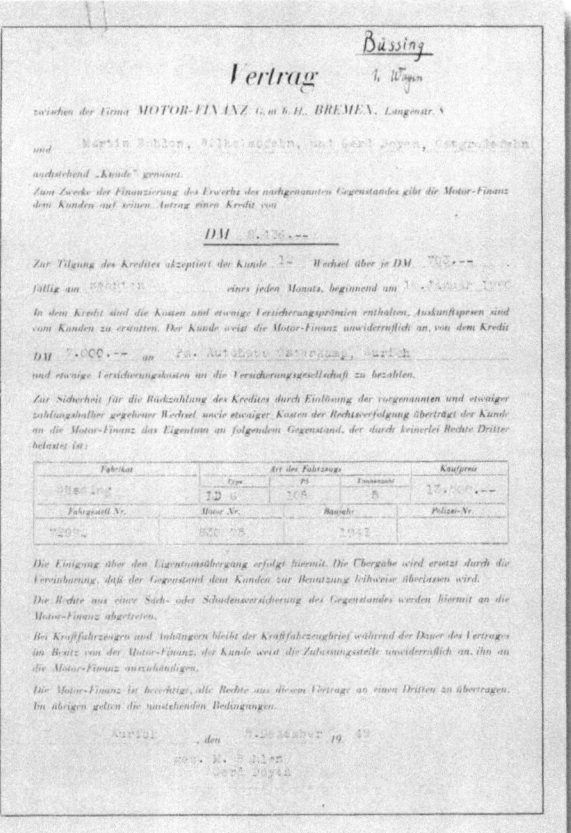

1 LKW
2 junge Männer im Jahre 1950

DYNAMISCH, FLEISSIG, IDEENREICH,
ZÄH UND VOLLER TATENDRANG!

Auch die Finanzierung des LKW lief über die Väter der Firmengründer bei der Motor-Finanz in Bremen.

Drei Wechsel über je 703,00 DM und je ein Wechsel über 3.515,00 DM und 2.812,00 DM waren der Inhalt dieses Finanzierungsvertrages.

Für die Väter, Martin Bohlen und Gerd Doyen, als Eigner kleiner Landstellen auf dem Fehn, bedeutete dieses Querschreiben eines Wechsels ein enormes Risiko.

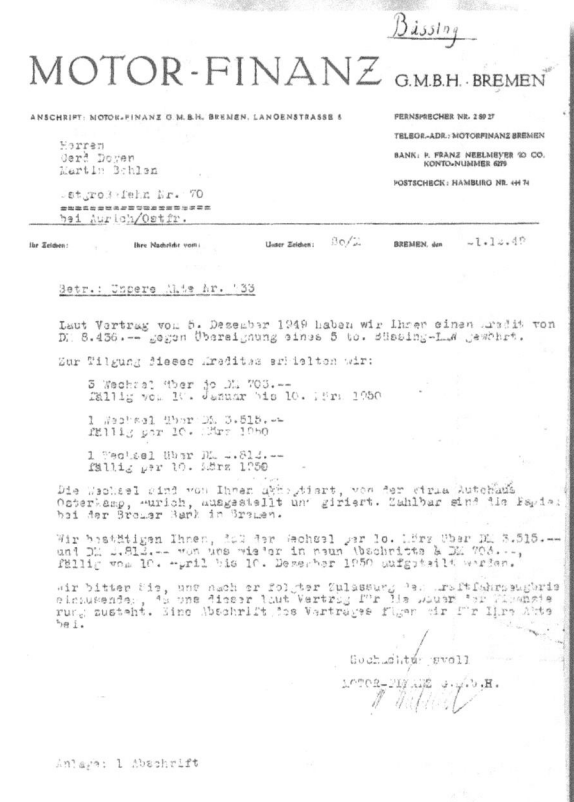

Heinrich Bohlen und Heinrich Doyen vor ihrem ersten LKW-Veteran aus dem Zweiten Weltkrieg.

Auf- und abgeladen wurde nicht mit dem Bagger oder mit dem Gabelstapler, sondern per Hand oder mit der Schaufel. Zwei Mann - ein LKW - bedeutete, daß im Wechsel der eine die Tag- und der andere die Nachtschicht fuhr.

DIE ENTWICKLUNG IN 50 JAHREN

1992 Gründung der Bohlen & Doyen Immobilien GmbH

1992 Gründung und Beteiligung an der BVM Betonprodukte GmbH, Hennickendorf

1992 Gründung der Bohlen & Doyen Anlagenverwaltung
GmbH

1992 Gründung der BDV Bohlen & Doyen Versorgungstechnik GmbH, Müllrose

1992 Beteiligung an der RAS Rohrleitungs- und Anlagenservice GmbH, Meppen

1992 Gründung der Bohlen & Doyen Submarine
Cable & Pipe GmbH & Co. Hamburg

1992 Gründung und Beteiligung an der RAKW
Königs Wusterhausen

1993 Gründung der Bohlen & Doyen Vermögens GmbH

1993 Übernahme der Jade-Dienst GmbH, Wilhelmshaven

1994 Gründung der Betriebskrankenkasse
BKK Bohlen & Doyen

1994 Anlandung der Europipe:
größte technische Herausforderung

1994 Gründung einer Beteiligungsfirma in Rußland:
Vis & Mos, Horizontalbohrtechnik

1995 Zertifizierung nach DIN EN ISO 9001

1997 Generationswechsel in der Unternehmensführung,
Berufung des Unternehmensvorstandes

1999 Die dritte Generation tritt in das Unternehmen
ein

2000 Jubiläum 50 Jahre Bohlen & Doyen

Im Hintergrund des Bildes die beiden Väter der Firmengründer.
Links: Martin Bohlen, geboren am 13.10.1897, gestorben am 12. Juli 1976.
Rechts: Gerd Doyen geboren am 12.01.1903, gestorben am 22.12.1963.
Das Foto entstand in den 50er Jahren in einer Arbeitspause bei einem „Köpke Tee" am Ems-Jade-Kanal.

Das Foto zeigt den 9jährigen Heinrich Doyen auf der Schiffskante sitzend auf dem Torfkahn seines Vaters im Jahre 1938 beim Torfabladen in Midlum an der Ems

1950

Die Väter der Firmengründer waren Binnenschiffer auf dem Fehn. In den Frühjahrs-monaten gruben sie auf ihrer kleinen Landstelle im Handstichverfahren den Torf, der dann für den Eigenbedarf und zum Verkauf getrocknet wurde.

Sie fuhren mit eigenen Binnenschiffen von Beginn der 20er Jahre bis zum Kriegsende 1945 hauptsächlich Wasserbausteine für Ems-Unterhaltungsmaßnahmen. Von 1945 bis 1950 waren Heinrich Bohlen und Heinrich Doyen mit auf diesen Schiffen beschäftigt.

Der 21jährige Heinrich Bohlen und sein 20jähriger Vetter, Heinrich Doyen, sahen in der Binnenschiffahrt, wie sie ihre Väter jahrzehntelang betrieben hatten, keine Zukunft. Sie hatten beobachtet, daß sich der Markt veränderte.

In den Nachkriegsjahren begannen die ostfriesischen Gemeinden, Straßen zu bauen und die Transporte verlagerten sich vom Wasser auf die Straße. „Lastkraftwagen statt Binnenschiffe" war der Trend.

Beide Firmengründer hatten im Februar 1949 ihren Führerschein gleich für alle Klassen gemacht, und nun reifte in ihnen der Gedanke, sich einen eigenen LKW anzuschaffen.

Durch Zufall wurde man auf einen LKW im Autohaus Osterkamp in Aurich aufmerk-sam. Ein Büssing NAG LKW aus dem Zweiten Weltkrieg, Baujahr 1941. Der Büssing LD 6 hatte ganze 5 t Nutzlast und 105 PS. Auf dem Typenschild stand noch „Wehrmacht Heer".

Heinrich Bohlen und Heinrich Doyen entschlossen sich, diesen LKW zu kaufen. Nur - wie finanzieren?

Zwei Jahre nach der Währungsreform gab es keine Ersparnisse, und wer sollte den beiden Kredit gewähren, denn Heinrich Doyen war mit seinen zwanzig Jahren nach der damaligen gesetzlichen Regelung noch gar nicht volljährig.

Die Eltern willigten mit großen Bedenken ein, unterschrieben den Kaufvertrag und auch die Wechsel.

Der erste Auftrag: das Autohaus Osterkamp wollte seinen Platz in Aurich vergrößern und benötigte Füllsand. Per Schaufel wurde der Sand von den „BoDos" in Tannenhausen geladen und mußte auch per Schaufel bei Osterkamp wieder abgeladen werden.

Der zweite Auftrag kam von Rolf Trauernicht, der sich als Baustoffhändler in Große-fehn selbständig gemacht hatte. Für ihn fuhren die „BoDos" Steine, Sand, Zement und andere Baustoffe.

Den nächsten Auftrag gab es, um Steinbrocken vom Flugplatz Marx zu holen. Diese Steinbrocken fanden Verwendung im provisorischen Straßen- oder im Wegebau.

Und weitere Aufträge führten zum Kauf eines Anhängers, der zum Preise von 4.500 DM angeschafft wurde. Auslöser war ein Getreidetransport nach Nordenham.

Die „BoDos" begannen, über ihre Tätigkeiten Aufzeichnungen zu machen. So befindet sich im Firmenarchiv noch ein kleines Oktavheft mit der Aufschrift „Büssing I" aus dem Jahre 1952 mit dem Stempel und der Aufschrift:

**Bohlen & Doyen
Fuhrbetrieb und Schiffahrt
Wiesmoor, Luisenwieke
Telefon 1 01**

In diesem Oktavheft sind Aufzeichnungen zu finden über Füllsand-Fahrten von Hude nach Huntebrück:

.52	Stillstand.	
.52	„	
.52	„ Wochenverdienst	__202,-__
.52	Sonntag	
.52	Stillstand	
.52	3 Zug Füllsand à 14 cbm v. Hude n. Huntebrück	__140,-__
11.52	3 Zug Füllsand à 15 cbm v. Hude n. Huntebrück	__96,-__
11.52	4 Zug Füllsand à 15 cbm v. Hude n. Huntebrück	__126,-__
11.52	4 Zug Füllsand à 15 cbm v. Hude n. Huntebrück	__126,-__
11.52	Tanya v. ... n. Smole mit genommen Nachmittags n. Vorrel Werkstatt Wochenverdienst	30 __500__
11.52	Sonntag	
17.11.52	Stillstand	
18.11.52	„	
19.11.52	Buß u. Bettag	
20.11.52	Stillstand	
21.11.52	„	
22.11.52	„ Wochenverdienst	__?__
23.11.52	Sonntag	
24.11.52	4 Zug Füllsand à 15 cbm v. Hude n. Huntebrück	126
25.11.52	4 Zug Füllsand à 15 cbm v. Hude n. Huntebrück	126
26.11.52	4 Zug Füllsand à 15 cbm v. Hude n. Huntebrück	126
27.11.52	5 Zug Füllsand à 15 cbm v. Hude n. Huntebrück	150
28.11.52	5 Zug Füllsand à 15 cbm v. Hude n. Huntebrück	150
29.11.52	2 Zug Füllsand à 15 cbm	

Die Buchführung machten die „BoDos" nach Feierabend oder am Wochenende. Hier ein Auszug aus den 50er Jahren:

14.08.50: Öl 52,50 DM; Fernverkehrsstrafe 17,50 DM
12.05.51: Einnahmen 20 DM für 2 ½ cbm Kies
15.05.51: Ausgabe 50 Pf für Luftpumpen
23.05.51: 21 DM Kiessand; 1,60 DM Friseur, 3,25 DM Kabel; Einnahmen von Bünting 74,20 DM
20.06.51: 3,80 DM Benzin; 3,50 DM Essen; 1,90 DM Telefon
28.06.51: Ausgaben 1 DM Zigaretten; Ausg. Telef. 70 Pf; Einnahmen Torf 99 DM
02.07.51: Stillstand
20.07.51: 1,50 DM Kühlerdichtung; 1 DM Unkosten Jakob Els; Einnahmen Els 10 DM, Einnahmen 125 DM Torf; Abzüge 4 DM Waage
15.08.51: Einnahmen v. Trauernicht 50 DM, Einnahmen von Siefken 58 DM, Ausgaben an Vollmer 200 DM für Reifen
12.07.52: Wochenumsatz 601,80 DM
25.10.52: Wochenumsatz 220 DM
07.03.53: Wochenumsatz 726 DM
05.06.53: 260 Sack Zement v. Leer n. Lager Trauernicht 65 DM
08.06.53: 12 cbm Brocken v. Wittmundhafen n. Möller Baust., W-fehn, 48 DM
23.11.53: Stillstand; Opa beerdigt

1953

Im Jahre 1953 kauften sich die „BoDos" einen zweiten LKW, einen Magirus-Kipper.

1954

Im Jahre 1954 folgte die Anschaffung eines 200 t Binnenschiffes, genannt „BODO".

Diese Anschaffungen hatten zur Folge, daß im Jahre 1954 die ersten Mitarbeiter eingestellt wurden.

1955 konnte bereits der dritte LKW angeschafft werden, dafür wurde das Erstfahrzeug, der Büssing, in Zahlung gegeben.

1957

Im Jahre 1957 wurde der erste Seilbagger, ein Fuchs Typ 300, angeschafft.

Das Foto zeigt den Fuchsbagger mit einem BoDo LKW beim Sandkastenausbau im Mohnblumenweg in Wiesmoor

Im Jahre 1957 gab es eine weitere wichtige Weichenstellung. Die „BoDos" kauften in Wiesmoor-Mitte ein Grundstück in der Größe von 20 a und errichteten hier ein Doppelwohnhaus in der Hauptstraße 248 zum Preise von 63.073,45 DM.

1958

In der Mitte zwischen den beiden Hauseingängen hatte man einen Büroraum von 9,5 m² geschaffen, hier wurden fortan die Büroarbeiten erledigt. Der Einzug in das Wohnhaus und somit auch die Verlegung des Firmensitzes von der Luisenwieke nach Wiesmoor-Mitte erfolgte im Frühjahr 1958.

1960

Im Jahre 1960 wurde bereits der sechste LKW und der dritte Fuchs-Bagger angeschafft und die Zahl der Mitarbeiter war inzwischen auf 10 angewachsen.

1961

Im Jahre 1961 konnte BoDo die erste Reparaturhalle errichten.

Das Foto zeigt das Doppelwohnhaus mit der dahinter liegenden Reparaturhalle

Ebenfalls im Jahre 1961 gründeten die „BoDos" zusammen mit der Firma Franz Stark, Großefehn, das Unternehmen „Bodosta". Eine der ersten wichtigen Anschaffungen der Firma Bodosta war das Küstenmotorschiff „RUBY". Dieses Schiff wurde zum Saugbagger umgebaut.

Bohlen & Doyen war eines der ersten Unternehmen in Norddeutschland, das sich bereits im Jahre 1962 einen Hydraulikbagger zum Preise von 68.000 DM anschaffte. Dieses Gerät war ein Liebherr R 353.

1962

Das Foto zeigt den Liebherr Hydraulikbagger beim Grabenaushub in Wiesmoor im Reservat 3

1963

An die vorhandene Reparaturhalle wurde im Jahre 1963 ein Bürogebäude angegliedert und der LKW-Bestand war inzwischen auf acht Fahrzeuge angewachsen. Im Jahre 1965 wurden bereits 70 Mitarbeiter beschäftigt.

1965

Ein wichtiger Schritt in der Unternehmens-
entwicklung geschah Mitte der 60er Jahre,
als BoDo in den Pipelinebau einstieg.

Dieses geschah zunächst bei Erdarbeiten für die Firma E. W. Smit aus den Niederlanden
und danach auch für die Energieversorgung Weser-Ems, sowie später für andere
Versorgungsunternehmen.

Immer wieder war es das Bestreben der „BoDos", mit ihren Geräten auf dem neuesten Stand der Technik zu sein. Eine BoDo-Delegation besuchte die Messe in Hannover:

Das Foto zeigt als 2. von links Heinrich Doyen mit den Mitarbeitern Diedrich Hinrichs, Georg Ahrends, Rudolf Ottjes, Rolf Siefken und Johann Wiese vor dem Messestand der Firma Weserhütte

1963

Zur Firma Weserhütte bestanden bereits Kontakte, als man im Jahre 1963 den ersten Seilbagger „Weserhütte" angeschafft hatte.

1965

Im Juni 1965 ging BoDo eine Beteiligung am Betonwerk Wiesmoor ein. Partner waren das Bauunternehmen Bernhard Hardy und der Baustoffhändler Gerhard Eilert Held. Später übernahm BoDo alle Anteile dieses Unternehmens. Heute ist das Betonwerk wichtiger Zulieferer für die Herstellung der Gasdruckregelanlagen.

1967

Der Pipelinebau stellte weitere Anforderungen an das Unternehmen. Neben dem land-verlegten Rohrleitungsbau mußten auch Flüsse und Wasserläufe gekreuzt werden. So kam es im Jahre 1967 zur ersten Dükerverlegung.

Mit dem Pipelinebau einhergehend gab es erste Aufträge im Stationsbau. Das Foto zeigt die Innenansicht der Gasdruckregel- und Meßanlage in Mariensiel als Übergabestation an die Stadtwerke Wilhelmshaven sowie die Außenanlage dieser Station.

Und weiter wuchs die Angebotspalette bei BoDo für die Versorgungsunternehmen, so daß neben dem Pipelinebau und dem Stationsbau auch Kolonnen für die Ortsversorgung und für die Hausanschlüsse aufgestellt wurden. Dabei war und ist die Energieversorgung Weser-Ems bis zum heutigen Tage ein wichtiger Auftraggeber.

Das Foto zeigt den ersten Bulli für Hausanschlüsse mit von links: Jan Schoon, Rolf Harms, Walter de Wall und Heinrich Stulken.

Mit Grundstückszukäufen im Jahre 1964 und im Jahre 1969 wurde das Betriebsgelände arrondiert. Im selben Jahr errichteten die „BoDos" die zweite Reparaturhalle.

1970

Mit den zunehmenden Aufgaben wuchs auch die Zahl der Belegschaftmitglieder und die Zahl der Geräte. Im Jahre 1970 zählte das Unternehmen 110 Beschäftigte und 11 Seil- bzw. Hydraulikbagger.

Das Bürogebäude mußte erweitert werden. Man baute nach Norden aus, und es wurde aufgestockt.

1976

Die Entwicklung schritt weiter voran, und die erste Werkstatthalle mußte weichen. An gleicher Stelle errichtete man 1976 einen Anbau an das Verwaltungsgebäude. Als einige Zeit später neun neue Mercedes-Bullis angeschafft wurden, entstand dieses Foto.

Mit der Aufgabenstellung wuchs auch die Perfektion. Hier eine Aufnahme bei der Verlegung eines Dükers durch die Hunte im Jahre 1972.

Nach dem landverlegten Rohrleitungsbau und der Dükerverlegung gab es weitere große Herausforderungen für das Unternehmen. 1972 beauftragte die EWE BoDo mit dem Bau einer Gasleitung von Norddeich nach Juist.

Das Wohn- und Verlegeschiff KRABBE im trocken gefallenen ostfriesischen Wattenmeer beim Verlegen der Gasleitung von Norddeich nach Juist

Die Wiesmoorer „Krabbe" sieht aus wie eine schwimmende Baubaracke. Rechts verschwindet die Leitung in den Fluten.

Unternehmer Bohlen und Vorarbeiter Günther Coordes.

Eine Erdgas-Leitung quer durch das Wattenmeer
Wiesmoorer Firma führt für die EWE Norden das 3,5-Millionen-Projekt aus

-wn- Norddeich / Juist. Schon bald wird der größte Teil der Einwohner der Insel Juist die Vorzüge des Erdgases im eigenen Haushalt kennenlernen können, z. Z. ist nämlich das Wiesmoorer Unternehmen Bohlen & Doyen damit beschäftigt, eine Erdgas-Leitung von Norddeich nach Juist quer durch das Wattengebiet zu verlegen.

Das ganze Projekt umfaßt ca. 7 km Hochdruckleitung (NW 150) über Land von Ostmarsch nach Westermarsch und ca. 13 km Hochdruckleitung (NW 100) von Westermarsch nach Juist. Während die Wandstärke der Leitung über Land 5,4 mm beträgt, hat man für das Watt Rohre mit einer Stärke von 8 mm genommen.

Weiter gehört zu dem Gesamtprogramm der Neubau einer Erdgas-Druckregelstation auf der Insel Juist, verbunden mit dem Ausbau eines ca. 10 km langen Mitteldruck-Verteilungsnetzes und der Erstellung von ca. 300 Hausanschlüssen, wobei diese Maßnahmen bereits abgeschlossen sind. Gesamtkosten der ganzen Aktion: rund dreieinhalb Millionen DM.

Für diese umfangreichen Bauarbeiten waren viele Verhandlungen mit Behörden und Dienststellen notwendig. So kreuzt die Leitung z. B. die Bahnlinie Norden-Norddeich, die Bundesfernstraße Nr. 70 und verschiedene Landes-, Kreis- und Gemeindestraßen. Mit der besonders verstärkten Wattleitung mußte der Bautrupp durch den Seedeich. Besondere Maßnahmen waren auch bei den Fahrwassern nach Utlandshörn, Memmert u. Juist erforderlich.

Zur sicheren Versorgung der Insel wurde auch auf eine hohe Betriebssicherheit der Gasleitung Wert gelegt. So mußte sie z. B. 0,8 bis 1 m tief ins Watt eingegraben werden, in den Schiffahrtswegen sogar 2 m tief. Eine weitere Besonderheit ist, daß die Leitung, die einmal mit Kunststoff vollkommen isoliert ist, zusätzlich mit Hilfe eines elektrischen Schutzstromes, den man durch die Leitung schickt, vor Korrosion geschützt wird.

Gestern wurde die Presse Gelegenheit gegeben, sich an Ort und Stelle über diese ungewöhnliche Baumaßnahme zu informieren. Unternehmer Bohlen, Bauleiter ten Brink von der EWE und Bauführer Bohlen erläuterten an Bord des Spezialschiffes „Krabbe" die Arbeitsgänge einer derartigen Verlegung.

Die schwimmende Baubaracke

Das Verlegungsschiff „Krabbe", eine Eigenkonstruktion der Firma Bohlen und Doyen, verdient normalerweise gar nicht die Bezeichnung Schiff. Es ist jedoch so funktionell ausgerichtet und vollkommen durchdacht konstruiert worden, daß der Höflingen Besatzung aus Wiesmoor die Arbeit auf der „schwimmenden Baubaracke" offensichtlich Spaß macht. Zudem sind die Unterkünfte gut, und „Smutje" Tammo Köster sorgt nach Meinung aller hervorragend für das leibliche Wohl. Das gestrige Mittagessen: Fruchtsuppe, Frikadellen, Kartoffeln und Gemüse.

An Bord der „Krabbe" werden die Rohre aneinandergeschweißt, die Schweißstellen werden mit PVC isoliert und schließlich wird alles einer elektronischen Kontrolle unterzogen, ehe es ins Wasser gelassen wird.

Höchst einfach hat man auch das Problem der Einbaggerung gelöst. Hinter der „Krabbe" her fährt die Schute „Büffel", beladen mit einem normalen Raupenbagger. Bei Ebbe setzt die Schute auf Grund, der Bagger fährt heraus auf den feuchten Wattenboden und kann dort seine Aufgabe bestens erfüllen. Für das Fahrwasser steht zudem noch ein kleiner Saugbagger zur Verfügung.

Mittlerweile konnten fast alle Arbeiten abgeschlossen werden. Es müssen jetzt nur lediglich ca. 3 km Leitung durch das Watt verlegt werden. Wenn das Wetter anhält, soll diese Maßnahme bis Ende September abgeschlossen sein. Etwa Mitte September soll dann zum ersten Male das Rohrnetz auf Juist mit Erdgas gefüllt werden.

Sobald der Kurbetrieb auf Juist es zuläßt, sollen dann noch die restlichen Hausanschlüsse montiert und in Betrieb genommen werden.

Die Schute „Büffel" hält den Bagger über Wasser.

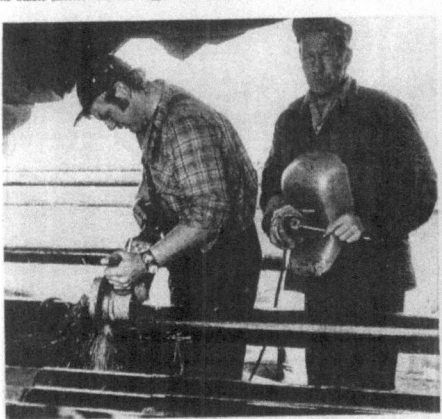

Wiesmoorer Fachleute beim Einsatz auf See.

Hier wird das Rohr per „Flammenwerfer" nachisoliert.   Fotos: -wn-

Eine weitere technische Herausforderung war die Anlandung der Ekofisk-Gaspipeline durch die Arge Flat-Pipeline, bestehend aus den Firmen Philipp Holzmann, Preussag, Ludwig Freytag und Bohlen & Doyen im Jahre 1974.

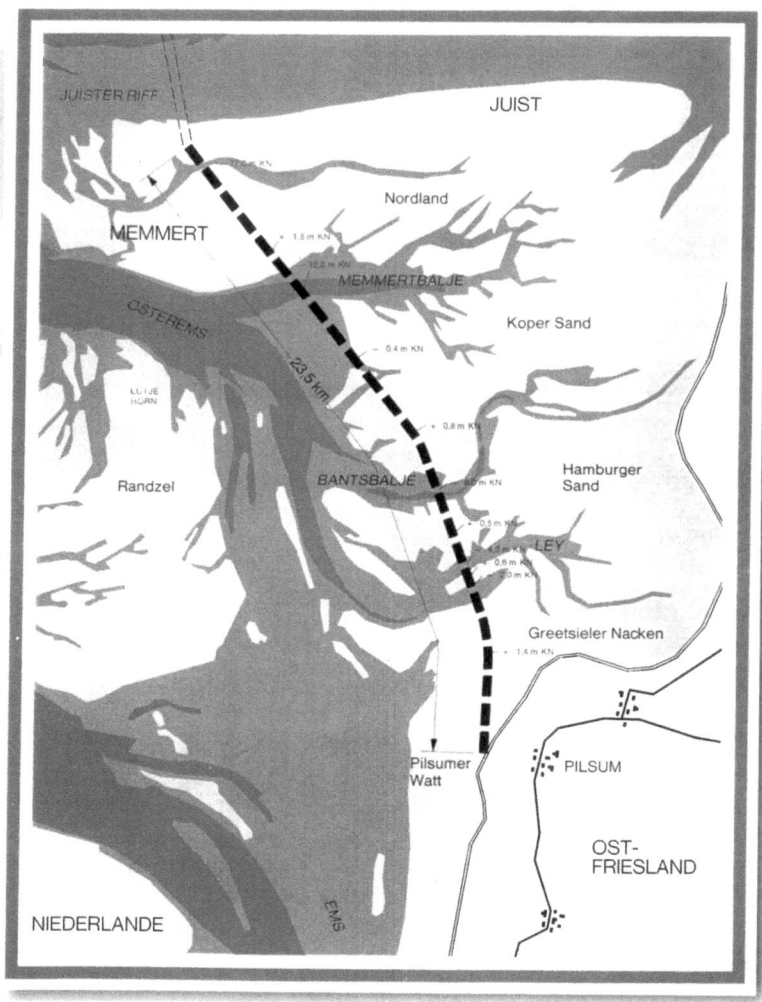

Im Zuge der Verlegung dieser Erdgasleitung 36" vom Ekofisk-Feld im Schelf-Gebiet Norwegen durch die Nordsee nach Emden, wird das Wattgebiet zwischen Juist und dem Festland auf einer Länge von 23 km gekreuzt. Diesen Leitungsabschnitt führte die Arbeitsgemeinschaft Flat-Pipeline aus.

Beginn war auf der Westseite der Insel Juist. Man überquerte die Insel ca. 120 m westlich der Dünenkette und weiter ging es durch die Juister Balje - Memmert Sand - Memmert Balje - Koper Sand - Bantsbalje - Hamburger Sand - die Ley - den Greetsieler Nacken und das Pilsumer Watt. Bei Pilsum wurde der Seedeich gekreuzt.

Die Trasse lag in einem morphologisch sehr unruhigen Gebiet. Im Bereich der Rohrverlegung wurden mit Muscheln und Schluff durchsetzte Feinsande, Kleilagen und Torfbänke angetroffen. In den Baljen traten Stromgeschwindigkeiten von max. 2,2 m pro Sekunde auf.

Damals durfte noch in den sensiblen Wattgebieten gebaggert werden.

Das Foto zeigt den Leitungsverlauf zur Deichkreuzung bei Pilsum

„BAAS KOBUS" beim Einsatz der Arge Flat-Pipeline

Ekofiskleitung fast fertig verlegt

Inbetriebnahme zur Jahreswende 1975/76 vorgesehen / WSD berichtete über Kontrollflug

Aurich. Die Verlegung der 430 Kilometer langen Erdgasleitung vom Ekofiskfeld zum Rysumer Nacken ist bis auf zwei Teilstücke von je drei Kilometer beendet. Die Lücken klaffen nur noch vor den Ekofiskanlagen in der Nordsee und zwischen Juist und dem Memmert. Die Wasser- und Schiffahrtsdirektion Aurich, deren Präsident Witte mit Vertretern des Bundeswirtschaftsministeriums, des TÜV, der Phillips Petroleum Company Emden und der Wasser- und Schiffahrtsämter Norden und Wilhelmshaven einen Kontrollflug entlang der Leitungsstraße von Emden nach Ekofisk beendet hat, legte gestern der Presse einen Bericht vor.

Von den fünf Rohrverlegeschiffen liegen nur noch zwei auf Position: L. B. „Maeders" nördlich von Juist und „Baas Kobus III" im Pilsumer Watt. Beide werden wegen drohender Herbststürme bald auf ihre Liegeplätze zum Überwintern verholt werden. Der Leitungsbau wird dann ab Frühjahr nächsten Jahres vollendet.

Gleichzeitig gehen die Bauten und Ausrüstungen an der Ekofiskstation in der 70 m tiefen Nordsee weiter. Dort befinden sich acht Plattformen in einer 800 m langen Reihe, die durch Laufstege miteinander verbunden und zum Teil schon seit 1971 das Erdöl-Erdgasgemisch fördern.

Zum Schutz gegen Wellenschlag liegt die Unterkante der auf Rohrkonstruktion ruhenden Plattform 20 m über dem Wasserspiegel. Oberhalb dieser Marke beginnen die mehrstöckigen Betriebsgeschosse. Womit man jedoch nur einmal in 100 Jahren gerechnet hatte, trat im November/Dezember 1973 gleich zweimal auf: Wellenhöhe bis zu 23 m. Auf der Baustelle auf hoher See waren zeitweilig bis 700 Mann beschäftigt, es sind Stammbesatzung wird 200 Mann betragen. Wenn auf dem Rysumer Nacken bereits die Erdgasreinigungsanlage fertiggestellt

sein wird, dürften sich die Ausbauarbeiten auf den Plattformen für die Erdgasabgabe noch bis zum Winter 1975 hinziehen. Die Inbetriebnahme der Gasleitung zum Rysumer Nacken ist nach dem jetzigen Stand der Arbeiten für Dezember 1975 vorgesehen.

Umfang der Lagerstätte

Nach Angaben des Niedersächsischen Landesamtes für Bodenforschung lagern im Ekofiskfeld in etwa 3000 m Tiefe 300 Millionen Tonnen Erdöl und 200 Milliarden Kubikmeter Erdgas. Das Erdgas lagert nicht getrennt vom Erdöl, sondern ist mit diesem vermischt und muß nach der Förderung getrennt werden.

Der Lagerstättendruck beträgt 300 bis 400 atü. Dieser Druck reicht aus, um das Öl-Gas-Gemisch an die Oberfläche zu befördern. Seit Mitte 1971 werden bereits täglich 40 000 Barrels Öl (1 Barrel = 158,9 l) mit Tankern nach Norwegen transportiert. Das gleichzeitig mit dem Öl geförderte Gas wird vorläufig abgefackelt, es sind täglich etwa vier Millionen Kubikmeter, da die Erdgasleitung noch nicht in Betrieb genommen werden kann. Es ist vorgesehen, künftig das Erdgas mit Kompressoren wieder in die Lagerstätte zurückzudrücken.

Der reguläre Betrieb auf Ekofisk beginnt erst mit der Inbetriebnahme der 350 Kilometer langen Ölleitung nach England (jährlich 15 Mill. t Öl) und gleichzeitig der Gasleitung zum Rysumer Nacken (jährlich 13,5 Md. cbm Erdgas).

Die Verlegung der Gasleitung durch die Nordsee mußte mehrmals wegen rauher Seegangsbedingungen unterbrochen werden. Ein Verlegeschiff verlor in einem Sturm sein gesamtes Ankergeschirr. Bei einem anderen

Verlegeschiff knickte die Rohrleitung am Heck des Schiffes ab.

Bei Tageskosten eines Verlegeschiffes von 250 000 DM war es verständlich, daß die Schiffe bei schlechtem Wetter lieber ein Risiko eingingen als die Arbeiten zu unterbrechen. Auf den Verlegeschiffen wurden im Zweischichtenbetrieb täglich etwa 135 zwölf Meter lange Rohre verschweißt, also in 24 Stunden etwa 1,6 km Strecke geschafft.

Als schwieriger Streckenabschnitt der Rohrverlegung erwies sich die Deutsche Bucht, in der die beiden Verkehrswege Terschelling/Deutsche Bucht und Feuerschiff Deutsche Bucht/Westansteuerung zu kreuzen waren. Beim Verlegen in diesem stark befahrenen Seegebiet hatten Schiffe der Wasser- und Schiffahrtsdirektion Aurich die Verkehrssicherung und -überwachung an der Baustelle übernommen. L. B. „Meaders" hatte dort acht Anker an 1500 m langen Seilen ausgelegt und war während seiner Arbeit zu keinem Ausweichmanöver fähig.

Nach Schließung der beiden Lücken im Rohrstrang steht noch die Wasserdruckprobe bevor. Sie soll zeigen, ob die Erdgasleitung völlig dicht ist und die Schweißnähte dem hohen Betriebsdruck von 135 atü standhalten.

In dem 430 km langen Leitungsverlauf befinden sich zwei Plattformen für Kontrollfunktionen. Viermal ändert der Leitungsstrang geringfügig seine Richtung, diese Stellen sind als Knickpunkte auf der Karte verzeichnet, die Hauptrichtung verläuft von Juist nach Nordwesten. Mit der Rohrverlegung durch die Nordsee ist eines der größten Projekte glücklich beendet worden.

rt

"Ostfriesen-Zeitung", Leer, 26. Oktober 1974

„*Raus aus der Region*" lautete die Devise, als Bohlen & Doyen zusammen mit der Firma Ludwig Freytag in Oldenburg am 8. Januar 1974 die Rohrbau Rendsburg gründete.

Das Unternehmen hat seinen Sitz in Schacht-Audorf.

Die ersten Bautätigkeiten beschränkten sich auf den "Erdverlegten Rohrleitungsbau", der auch heute noch einen hohen Stellenwert hat.

Im Laufe der Jahre kamen der Kanalbau, die Kabelverlegung, die Horizontalbohrtechnik, der Freileitungsbau und die gemeinsame Verlegung von Gas - Wasser - Strom - Telekommunikation hinzu.

Seit dem 27. April 1998 ist Rohrbau Rendsburg eine 100-prozentige BoDo-Tochter.

Rohrbau Rendsburg GmbH + Co. KG

Am 15. Januar 1975 beging das Unternehmen Bohlen & Doyen sein 25jähriges Jubiläum. Dazu konnten die Firmengründer mit ihren Ehefrauen viele Gäste, Freunde und Weggefährten sowie Vertreter von Behörden, Gebietskörperschaften, Auftraggebern sowie Banken und Lieferanten begrüßen.

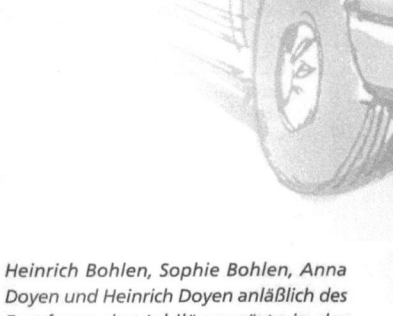

Heinrich Bohlen, Sophie Bohlen, Anna Doyen und Heinrich Doyen anläßlich des Empfangs der Jubiläumsgäste in der BoDo-Werkshalle am 15. Januar 1975

1975

Der „Anzeiger für Harlingerland" brachte zu diesem Anlaß eine Firmenreportage mit dem Foto der beiden Firmengründer und schrieb zum Erfolgsrezept von Bohlen & Doyen:

„Allen mäßigen Erwartungen der Bauwirtschaft zum Trotz sehen die beiden Chefs der Wiesmoorer Straßen-, Erd- und Rohrleitungsbaufirma Bohlen & Doyen zum Beginn ihres Jubiläumsjahres gute Aussichten für 1975.

Dieser gesunde Optimismus, den die Vettern Heinrich Bohlen & Heinrich Doyen seit jeher an den Tag legen, hat sicher dazu beigetragen, daß ihre Firma aus den kleinsten Anfängen heraus in 25 Jahren harter Arbeit zu einem der bedeutendsten Unternehmen dieser Branche im hiesigen Raum geworden ist. Gutes Betriebsklima und hartes Arbeiten seien dabei markante Merkmale gewesen".

Im Jubiläumsjahr zählte das Unternehmen 235 Mitarbeiterinnen und Mitarbeiter sowie einen Gerätebestand von 21 Seil- bzw. Hydraulikbaggern.

Die Belegschaft schenkte den Firmengründern ein handgeschmiedetes mit Buntglas verziertes Firmenmotiv, das der Künstler Richard Förster aus Oldenburg entworfen hatte.

Das Symbol zeigt im Grundmotiv einen Leuchtturm, rechts unten ist das Firmenlogo zu sehen. Die links und rechts nach oben und seitwärts gerichteten Pfeile zeigen die Aufwärtsentwicklung und die Ausweitung der Aktivitäten des Unternehmens. Quer durch den Leuchtturm laufen Rohrstränge, die den Pipelinebau verdeutlichen. Links oben wird mit dem runden Motiv die maschinelle Ausstattung dargestellt. Gegenüber auf der rechten Seite sieht man die Kreise, die die verschiedenen Dimensionen der zu verlegenden Rohrleitungen darstellen.

Bei den bemalten Glasflächen sieht man links unten den LKW aus der Gründerzeit mit dem Gründungsjahr 1950 und eine Schaufel, die deutlich macht, daß man zu Beginn ohne Maschinen noch alles in Handarbeit zu leisten hatte. In der Motivmitte ist das Wiesmoorer Wappen zu sehen, umgeben von der Darstellung Ostfrieslands mit den davorliegenden Inseln. Die weiteren Motive zeigen Nivelliergerät, Schweißflamme, Schiffe, Rohre, Rohrstränge sowie Gas- und Sauerstoffflaschen.

Die Firmenchefs haben diesem Motiv einen würdigen Platz im Eingangsbereich des Verwaltungsgebäudes gegeben.

1976

Zunehmend war BoDo auch im Deichbau tätig. Die Bilddokumente aus dem Jahre 1976 zeigen BoDo Geräte beim Deichbau in Bensersiel sowie die Deichbaumaßnahme an der Ems im Jahre 1976.

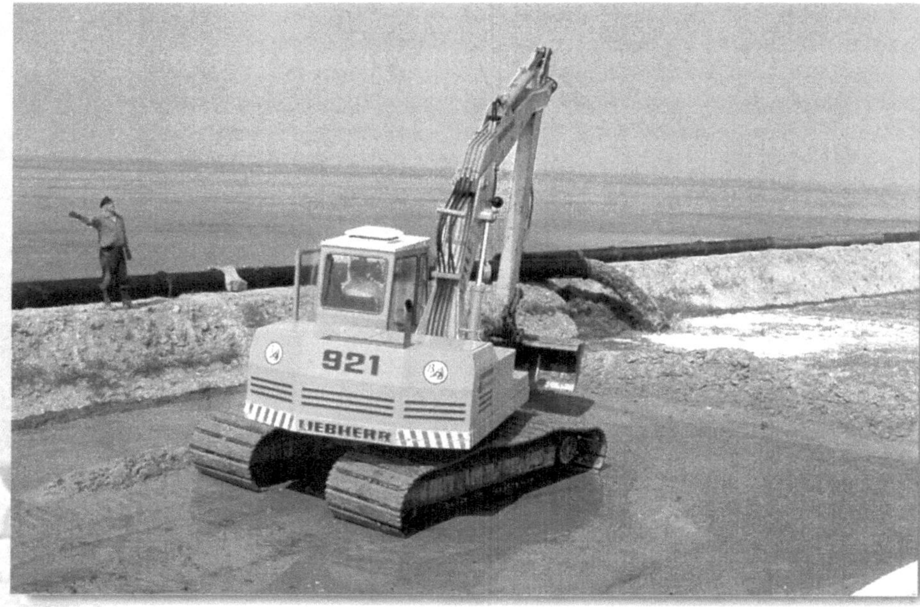

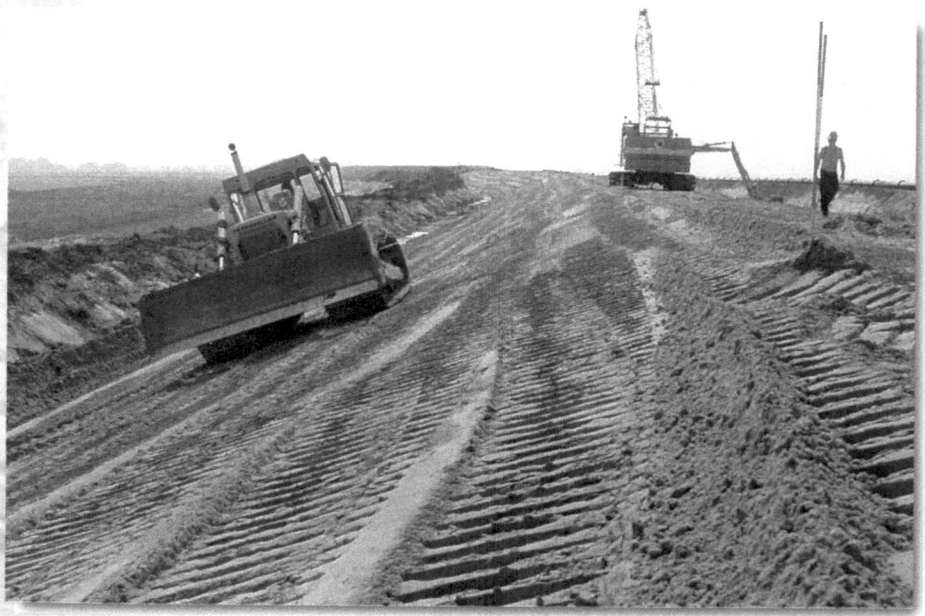

1977

Das Ausland lockte!

BoDo wagte sich 1977 erstmals auf den internationalen Markt. Die „Northern Offshore" hatte den Auftrag, 23 km Frischwasserleitung im Persischen Golf von der Hauptstadt Kuwait zur Insel Failaka zu verlegen.

Die Unternehmen Ludwig Freytag, Preussag und Bohlen & Doyen hatten diesen risikoreichen Auftrag angenommen. Die „Ostfriesen-Zeitung" berichtete damals von Gesamtkosten in Höhe von 25 Mio. DM.

Die in Kuwait erscheinende Zeitung „Al Anba" widmete dem Projekt am 4. August 1977 diese Bildseite.

Das Isolieren der Wasserleitungsrohre, im Hintergrund die Insel Failaka im Persischen Golf

„BAAS KOBUS" im Einsatz vor Failaka im Persischen Golf

Aber nicht nur im Persischen Golf, auch im ostfriesischen Wattenmeer war BoDo gefragt.

Im Jahre 1978 mußte auf dem Rantzelrücken, westlich von Borkum, eine künstliche Insel geschaffen werden. Diese Arbeiten führte BoDo zusammen mit der Firma Gebr. Neumann aus Norden aus.

Rammarbeiten auf dem Rantzelrücken für die Anlage einer künstlichen Insel.

Und wieder war ein Auftrag vor der ostfriesischen Küste zu erledigen. Auf der Nordseeinsel Spiekeroog war im Februar 1978 ein Tank angeschwommen. Der Inhalt dieses Tanks war der höchst geruchsintensive Odorstoff, der dem Erdgas in kleinen Mengen beigegeben wird. Eine Leckage wäre bei entsprechenden Windverhältnissen eine Katastrophe für Spiekeroog geworden.

BoDo Geräte bei der Bergung des angespülten Tanks

Im Frühjahr 1979 ließ BoDo auf der Schiffswerft Martin Jansen in Leer ein Spezialschiff für den Watteinsatz bauen. Die Tageszeitung „Ostfriesische Nachrichten" schrieb dazu am 7. April 1979: **„Bohlen & Doyen bei Watteinsätzen mit Spezialschiff besser gerüstet".**

1979

Sonnabend, 7. April 1979 — Lokales — Nummer 83

Bohlen & Doyen bei Watteinsätzen mit Spezialschiff besser gerüstet

Um den speziellen Anforderungen bei den vielfältigen Arbeiten im ostfriesischen Wattenmeer noch besser gewachsen zu sein, ließ sich die Wiesmoorer Firma Bohlen & Doyen ein Schiff bauen, das diesen Ansprüchen voll Rechnung trägt: Das Wasserfahrzeug „Flunder", in einer dreimonatigen Bauzeit auf der Leeraner Werft Martin Jansen gebaut, hat einen ungewöhnlich geringen Tiefgang, kombiniert mit einer verhältnismäßig hohen PS-Leistung. Die Wiesmoorer Firma „BoDo" hat sich schon vor Jahren auf die Arbeit im Wattenmeer spezialisiert. So werden die ostfriesischen Inseln mit Pipelines und allen möglichen Versorgungsleitungen mit dem Festland verbunden. Wie die Firmenchefs Heinrich Doyen und Heinrich Bohlen auf Anfrage erklärten, dient das jetzt in Betrieb genommene Schiff der Überwachung und Wartung dieser für die Inseln lebenswichtigen Versorgungseinrichtungen. Außerdem kann das „Landungsboot" für die Versorgung der Baustellen im Wattenmeer eingesetzt werden. Das gut 22 m lange und 6 m breite Boot kostete 900 000 DM. Es kann 50 Tonnen Nutzlast transportieren, wobei seine Schleppeigenschaften noch von besonderem Vorteil sind. Im Beisein der Wiesmoorer Firmenleitung, der Werftbesitzer Ingo und Kurt Jansen sowie zahlreicher Kunden fand gestern die Probefahrt statt, die vom Leeraner Hafen aus nach Norddeich führte. Unser linkes Bild zeigt das Spezialschiff, das ausreichend Räumlichkeiten für die Mannschaft bietet, beim Auslaufen. Bild rechts vereinigt von links Heinrich Bohlen, Ingo Jansen, Heinrich Doyen und Kurt Jansen. Fotos: Trauernicht

Dieses Spezialschiff hat einen ungewöhnlich geringen Tiefgang, ist aber mit einer verhältnismäßig hohen PS-Leistung ausgestattet. Das Schiff dient vorwiegend der Überwachung und Wartung der Versorgungseinrichtung zu den Inseln.

Im Jahre 1979 gründete Bohlen & Doyen eine Zweigniederlassung in Syke. Ein umfangreiches Angebot für Versorgungsunternehmen wird dort vorgehalten. Es reicht von der Ortsversorgung für Gas, Wasser, Telekom, Abwasser, Kabelverlegung und Stahlrohrpressungen bis hin zu Hausanschlüssen, Stahlrohrleitungsbau, Anlagenbau, Horizontalbohrtechnik und dem Einpflügen von LWL-Rohren.

In der Zweigniederlassung Syke werden ca. 60 Mitarbeiter beschäftigt.

Fahrzeug- und Gerätebestand der Zweigniederlassung Syke

Am 12. November 1979 gründeten die Firmen AG Frisia, Baltrum Reederei, R. & J. Beekmann und Bohlen & Doyen die „Entsorgungsreederei" zur Entsorgung der im Landkreis Aurich gelegenen Inseln Baltrum, Juist und Norderney.

Zunächst führte das BoDo Landungsboot „BUTT" die Transporte durch. Das Foto zeigt „Butt" mit Müllcontainern vor der Nordseeinsel Norderney bei starkem Eisgang.

Später löste der Inselentsorger „Störtebeker" das Landungsboot „Butt" ab.

1979

Und wieder streckte BoDo seine Fühler in eine andere deutsche Region aus.

Im Jahre 1979 kam es zur Gründung einer 100% Tochter im Bundesland Rheinland-Pfalz in Nieder-Olm. Dieses Unternehmen nennt sich „Bohlen & Doyen Bau".

Im 14-tägigen Rhythmus wurde dort gearbeitet. Ein firmeneigener Bus, der von dem BoDo Bauleiter Georg Höfts gesteuert wurde, brachte die ostfriesischen Arbeitnehmer montags in aller Frühe von Wiesmoor nach Nieder-Olm. Die Rückfahrt war jeweils 12 Tage später an dem Donnerstag abend.

Im Jahre 1986 hat Bohlen & Doyen Bau seinen Firmensitz von Nieder-Olm nach Langenlonsheim verlegt. Das Foto zeigt den Betriebsstandort in Langenlonsheim.

Ende der 70er bzw. Anfang der 80er Jahre erfolgte ein Generationswechsel; die drei Junioren traten in das Unternehmen ein.

Alfred Doyen

Martin Bohlen

Gerd Doyen

Die breite Angebotspalette des Unternehmens Bohlen & Doyen:

Für die Fehlerortung, Kabelprüfung und Trassenortung werden Kabelmeßwagen vorgehalten

Kabelverlegung: BoDo Trecker mit Kabelverlegewagen und drei Kabeltrommeln

Die breite Angebotspalette des Unternehmens Bohlen & Doyen:

Einsatz der BoDo-Optimas-Verlegemaschine beim Verlegen von 10 cm Betonsteinen

Bodenaustausch

Die breite Angebotspalette des Unternehmens Bohlen & Doyen:

BoDo-Hausanschlußkolonne

Installation einer Molchschleusenanlage

Schweiß- und Schleifarbeiten an einem Stahlrohrstrang für die Ortsversorgung

BODO I beim Einsatz auf dem Nord-Ostsee-Kanal; Eine Kanalverbreiterungsmaßnahme mit neuem Böschungsfuß

Im Jahre 1980 wurde die Erdgasleitung Emshörn Z 1 A gebaut. Ausgeführt wurde dieser Auftrag durch eine Arbeitsgemeinschaft, bestehend aus der Preussag AG, Ludwig Freytag und Bohlen & Doyen.

Für den Anschluß der in der Emsmündung gelegenen BEB-Erdgasbohrung Emshörn Z 1 A an die BEB-Erdgassammelstelle Groothusen auf dem Festland wurden von der „Arge Leitung Borkum-Emshörn" eine Gashochdruckleitung, eine Lagerstätten- wasserleitung, ein 6 kV Stromkabel und ein Fernsprechkabel gleichzeitig in einem gemeinsamen Rohrgraben verlegt.

Die Trasse verlief von der Erdgassammelstelle Groothusen zunächst binnendeichs in nördlicher Richtung in einem Abstand von etwa 200 m parallel zur Deichlinie. Nach etwa 700 m knickte sie in Richtung Nordwest ab und führte über etwa 9.800 m bis kurz vor die Emshörn-Plate. Dort schwenkte die Trasse nach West-südwest und endete nach weiteren ca. 700 m an der Bohrung Emshörn Z 1 A.

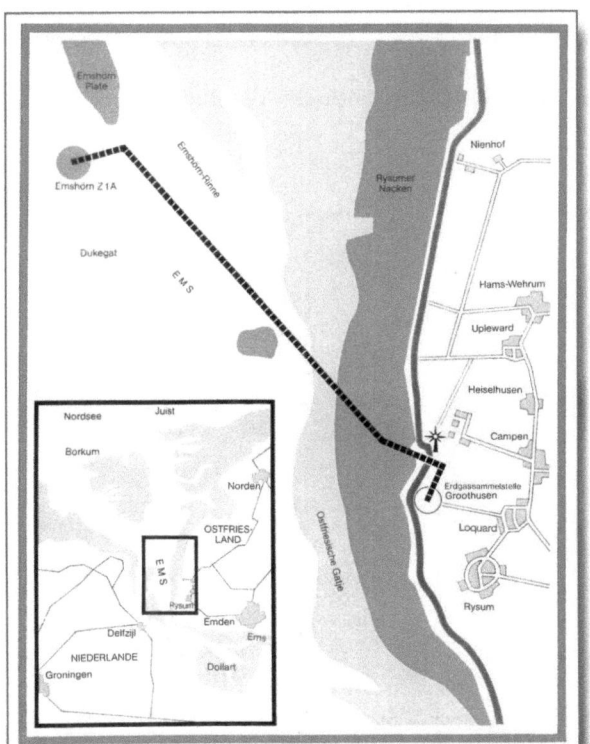

Trassenverlauf

1982

Seit 1982 ist BoDo beteiligt an der Firma GBU. Dies ist eine Gesellschaft für Beteiligungen an mittelständischen Unternehmen.

In der GBU findet das beteiligungssuchende Unternehmen einen unabhängigen, kapitalstarken Partner ohne Sonderinteressen. Die GBU trägt das volle Risiko für ihre Einlage. Sicherheiten sind von Seiten des Unternehmens nicht zu stellen.

Jede Beteiligung orientiert sich individuell an den Verhältnissen und Bedürfnissen des beteiligungssuchenden Unternehmens.

Zu den Beteiligungsgrundsätzen:

Die GBU beteiligt sich mit eigenen und fremden Mitteln, die durch Kapitalanleger zufließen, unmittelbar an Unternehmen der mittelständischen Wirtschaft in der Bundesrepublik. Jede Unternehmensbeteiligung erfolgt nach eingehender Bonitätsprüfung. Voraussetzung ist neben geordneten wirtschaftlichen Verhältnissen, daß das beteiligungssuchende Unternehmen erfolgreich in einem aussichtsreichen Marktsegment tätig ist.

Bei Vorlage überzeugender Konzeptionen beteiligt sich die GBU auch an neu zu gründenden Gesellschaften.

GBU

GESELLSCHAFT FÜR
BETEILIGUNGEN AN
MITTELSTÄNDISCHEN
UNTERNEHMEN mbH

Im Jahre 1982 wurde in Zeven ein Erdgasspeicher mit einem Fassungsvolumen von 20.000 m³ Erdgas gebaut. BoDo verlegte hier 1.200er Rohre, welche gleich als Erdgasspeicher dienten.

1983

Im Jahre 1983 wurde der Inselhafen auf der Nordseeinsel Juist neu gebaut. Für die Böschungssicherung wurden 16.000 t Schüttsteine eingebaut.

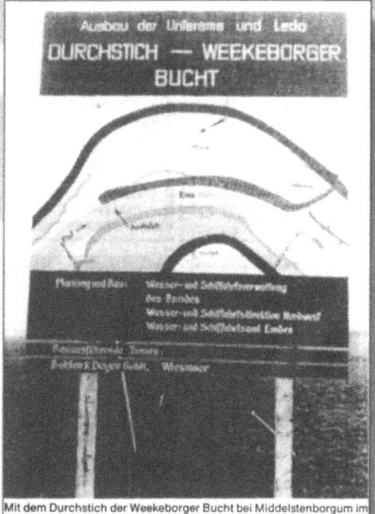

Mit dem Durchstich der Weekeborger Bucht bei Middelstenborgum im Rheiderland begann gestern offiziell der Ausbau von Unterems und Leda. Dieses Projekt kostet insgesamt 33,6 Mio Mark, wobei in den ersten drei Jahren jeweils sieben Millionen Mark investiert werden. Bei der ersten Ausschreibung war das Wiesmoorer Unternehmen Bohlsen & Doyen erfolgreich, das nun rund 270 000 Kubikmeter Boden beseitigen muß. Dazu wird z. n. ... .

Im Frühjahr 1984 erhielt BoDo im Rahmen des Ausbaus von Unterems und Leda den Auftrag zum Durchstich der „Weekeborger Bucht" in der Ems.

Die Tageszeitung „Ostfriesische Nachrichten" berichtete darüber in ihrer Ausgabe vom 5. April 1984.

1984

Donnerstag, 5. April 1984

Erster Spatenstich für Ausbau von Ems und Leda jetzt vollzogen

33,6 Mio-Projekt kommt vorrangig den Werften in Leer und Papenburg zugute

„Das ist ja schwieriger als im eigenen Garten", so Friedrich Köhn, Präsident der Wasser- und Schiffahrtsdirektion Nordwest Aurich, der gestern - fachgerecht mit Helm und Stiefel ausgerüstet - zum eigens für diese Zwecke präparierten Spaten griff, um mit einem kräftigen Stich in den harten Kleiboden den Emsausbau einzuleiten, der nun mit dem Durchstich der Weekeborger Bucht beginnt. Links im Bild Heinrich Doyen von der Wiesmoorer Firma Bohlen & Doyen, die den Auftrag für diesen Bauabschnitt bekommen hat. Daneben Bauoberrat Wolfgang Vonderheide, stellv. Amtsvorstand des Wasser- und Schiffahrtsamtes Emden, der demnächst die Leitung des Wasser- und Schiffahrtsamtes Emden übernimmt. Im Hintergrund Baudirektor Henri Ruge, in der WSD u.a. für die Ems zuständig. Fotos: Theesfeld

1985

In einer Arge mit der Preussag verlegte BoDo im Jahre 1985 eine 30 km lange 1.000er Gasleitung im Spessart.

Hein Bohlen zusammen mit Alfred Christochowitz bei der Baustellenbegehung

BoDo - ein Spezialist im Wattenmeer

Das trocken fallende Wattenmeer stellt immer wieder hohe Anforderungen an Mensch und Gerät.

Seekabeleinmessung

Begehung einer Baustelle für die Verlegung einer PE-Gasleitung

BoDo - ein Spezialist im Wattenmeer

Kabelreparatur für die EWE

Die von BoDo eigens konstruierte und umgebaute Wattmaschine für die Verlegung von Kabel- und HDPE-Rohrsystemen nach dem Vibrations- und Fräsverfahren.

Ein wichtiges Standbein des Unternehmens ist im Laufe der Jahre der Pipelinebau geworden. Die technische Ausrüstung erlaubt dem Unternehmen den Bau und die Verlegung von Rohrleitungen aller Dimensionen, wie sie in Westeuropa bisher gebaut worden sind.

Der Durchmesser der größten Leitung beträgt 1.400 mm. Es stehen dazu alle erforderlichen Bagger, Seitenbäume, Erdbewegungsgeräte, Fräsen, Pflüge, Preß- und Bohrgeräte neuester Entwicklung zur Verfügung.

Ein Auszug aus der Referenzliste Rohrleitungsbau belegt die umfangreichen Aktivitäten.

Auszug aus unserer Referenzliste Rohrleitungsbau

Bezeichnung des Projektes	Bauherr	Länge	Dimension
Dänemark	NGF, HNG, DONG	175 km	DN 150–400
MEGAL	Ruhrgas	67 km	DN 1100
Lehringen	Erdgas Münster	80 km	DN 400
Steinfeld	EWE	40 km	DN 400
Dänemark	DONG, NGS, NGSj	163 km	DN 150–300
Ost–West Ölleitung	NWO	90 km	DN 600
Götzdorf–Drochtersen	Ruhrgas	60 km	DN 600
Schweden	Sydgas Ab	41 km	DN 400
Stenlille–Torslunde	DONG	44 km	DN 600
Frankenleitung	Ruhrgas	60 km	DN 900
Emden–Etzel	STATOIL	65 km	DN 1050
STEGAL Los 1	WINGAS	32,5 km	DN 900/800
Achim–Salzwedel	BEB	95 km	DN 1200
Lehringen–Kolshorn	Erdgas Münster	70 km	DN 800
Herzfeld–Meyenburg	VNG	35 km	DN 500
Gasleitung Brandenburg	EWE	170 km	DN 100–400
Gasleitung Midal Los 1/9	WINGAS	90 km	DN 900
Gasleitung Werne–Wetter Los 10	Ruhrgas	28,5 km	DN 1200

Stand 9.'94

Gasleitungen in Schweden

Erwähnenswert ist in diesem Zusammenhang, daß BoDo bereits seit Anfang der 80er Jahre auch auf dem skandinavischen Markt tätig war.

Im August 1985 erteilte die „Erdgas Münster" der Arge Winter Rohrbau / Bohlen & Doyen den Auftrag zur Verlegung eines Dükers durch die Aller.

Der Düker ist zur Hälfte im Fluß eingeschwommen

Langsames Absenken des Dükers

Der Buhnenbau in der Wesermündung stand Mitte der 80er Jahre auf dem Programm. Die an Land gefertigten Buschmatten wurden vom Arbeitsschiff „DORSCH" zum gewünschten Standort in der Weser geschleppt und anschließend mit Schüttsteinen beschwert.

Steinstürzer „STEINBUTT" bei der Arbeit

Im April 1986 entschied sich das Unternehmen für einen wassernahen Standort im Hafen Leer. Dort kam es zur Gründung des Firmenbereichs Bo-Do Wasserbau GmbH, Standort Leer:

Kaianlagen und Firmengelände der Bo-Do Wasserbau im Hafen Leer. An der Kaianlage sind zu sehen: Saugbagger Bodo I, Landungsboot Flunder, Arbeitsponton Krake

Von Bo-Do Wasserbau in Leer werden 22 schwimmende Einheiten betreut. Dort geschieht die Wartung der Schiffe sowie die Herstellung technischer Spezialgeräte.

Die BoDo-Schiffsflotte:

Landungsschiff BUTT

Landungsschiff FLUNDER

Die BoDo-Schiffsflotte:

Vermessungsschiff PIRANHA

Schlepper DELPHIN

Arbeitsschiff KRAKE

4teiliger Koppelponton STÖR

Die BoDo-Schiffsflotte:

Arbeitsschiff ROCHEN

Spaltschute BD 1 / BD 2

Landungsschiff ATTILA

Arbeitsschiff DORSCH

Die BoDo-Schiffsflotte:

Inselentsorger STÖRTEBEKER

Arbeitsschiff BD 3

Schlepper KRABBE

Steinstürzer STEINBUTT

1987

Ein weiterer bedeutender Auslandsauftrag in der Firmengeschichte im Jahre 1987 war die Verlegung eines Trinkwasserleitungssystems von Den Helder zur Insel Texel in den Niederlanden. Es handelte sich um zwei im Abstand von 100 m verlegte 350er HDPE-Rohre à je 8 km. Sie wurden mit 5 m Bodenüberdeckung verlegt.

Hierfür wurde eine Unterwasserfräse eingesetzt. Ausführendes Unternehmen war die Firma Rohrbau Nord, eine gemeinsame Tochter mit der Firma Ludwig Freytag.

Das Verlegeschiff "Baas Kobus III" mit der Unterwasserfräse am Haken

Das Verlegen der HDPE-Leitung bei einer Strömung von 2 m pro Sekunde bereitete große Schwierigkeiten.

Draht, Munition und Flugzeugteile aus dem Zweiten Weltkrieg auf dem Meeresgrund erschwerten die Verlegung.

1987

Mehrfach mußte die Unterwasserfräse hochgehievt werden, um Beschädigungen zu reparieren.

Das Verlegeschiff „BAAS KOBUS III" mit dem einlaufenden PE-Rohr in den Trichter der Unterwasserfräse

Gerd Doyen als Taucher und Walter Selk als Taucheinsatzleiter vor dem Tauchvorgang zur Unterwasserfräse

1987

Das Wasser- und Schiffahrtsamt Emden erteilte BoDo in den Jahren 1987 und 1989
den Auftrag für den Bau von Buhnen auf
Borkum.

Hierfür waren Betonfertigteile erforderlich.
Das BoDo-Betonwerk Wiesmoor stellte
diese Betonkästen nicht auf dem Betriebsgelände in Wiesmoor, sondern, wegen der
außergewöhnlichen Größe und des Ge-
wichtes, in Sonderanfertigung auf dem
Gelände von Bo-Do Wasserbau in Leer her.

Das Beladen der Betonfertigteile in Leer zum Trans-
port nach Borkum. Ein solches Fertigteil hat eine
Größe von 4 m x 4 m und ein Gewicht von 25 t

Das Verlegen der Fertigteile auf Borkum für Buhne 19

1987

Am 17.12.1987 wurden die Söhne der Firmengründer zu Geschäftsführern berufen:

Martin Bohlen

Gerd Doyen

Alfred Doyen

Am 23.12.1988 wurde das Unternehmen Bohlen & Doyen in eine Aktiengesellschaft umgewandelt.

Die beiden Firmengründer Heinrich Bohlen und Heinrich Doyen wurden Vorstandsmitglieder der Aktiengesellschaft. Ein bescheiden begonnenes Familienunternehmen hatte sich aus kleinsten Anfängen in knapp 40 Jahren zur Aktiengesellschaft entwickelt.

Die Firmenstruktur kombiniert die Vorteile eines mittelständischen Unternehmens, bezogen auf Schnelligkeit und Flexibilität, mit denen eines weit gefächerten Konzerns, bezogen auf eine breite Angebotspalette.

Aufgabe ist es, dem Kunden zu helfen, sein Ziel so schnell, so wirtschaftlich und so sicher wie möglich zu erreichen. Das Konzept heißt Partnerschaft mit dem Kunden.

BoDo ist bemüht, Projekte unterschiedlicher Größenordnung organisatorisch, technisch und kaufmännisch so präzise auszuführen, daß Auftraggeber und Auftragnehmer gewinnen.

1989

Der 9. November 1989 - Die Wende mit neuen Chancen

Wie kaum ein anderer Tag symbolisiert der 9. November 1989 die deutsche Geschichte. Von Politik und Wissenschaft völlig unerwartet brach der SED-Staat im Herbst 1989 binnen kürzester Zeit wie ein Kartenhaus zusammen.

Der entscheidende Moment dieses Zusammenbruchs war zweifelsohne der Fall der Mauer in der Nacht vom 9. auf den 10. November. Das DDR-Symbol mit Hammer und Zirkel, 40 Jahre Zeichen der Unterdrückung Tausender von Menschen, verschwand. Der Fall der Mauer wirkte wiederum als Fanal für die weitere Revolution in Mittel- und Osteuropa und beschleunigte den Zerfall des sowjetischen Imperiums - kurze Zeit später brach die Sowjetunion selbst zusammen.

Nach dem 9. November 1989 strömten die Menschen, jahrzehntelang getrennt, zueinander. Das traurige Kapitel 40jähriger deutscher Teilung wurde friedlich beendet. Die Menschen jenseits der Mauer wünschten gleiche Lebensbedingungen, wie sie bei uns im Westen vorherrschten.

Die Hinterlassenschaft des DDR-Regimes war katastrophal. Marode Versorgungs- und Entsorgungssysteme machten deutlich, daß es jenseits der innerdeutschen Mauer viel zu tun gab. In den Bereichen Pipelinebau sowie Neubau und Sanierung von Infrastruktur und Versorgungssystemen für Erdgas und Strom wurden die Weichen für neue Dimensionen gestellt.

In Partnerschaft mit großen Energieversorgungsunternehmen sind in den neuen Bundesländern in den Folgejahren mehrere BoDo-Töchter entstanden, die inzwischen ihren festen Stand im ostdeutschen Markt haben.

Am Brandenburger Tor im November 1989

Mit der Öffnung der innerdeutschen Grenze konnte BoDo seine jahrzehntelange Erfahrung im Bau der Infrastruktur zur Verteilung, zum Transport und zur Mengenmessung von Gas, Wasser, Strom und Fernwärme bei den zu gründenden Tochterunternehmen einbringen.

Die Verteilung von Energie in der Region stellt technisch hohe Ansprüche an die Versorgungssysteme. BoDo verfügt über moderne Bau- und Verlegetechniken. In vielen Gemeinden und Städten, sowohl in West- als auch in Ostdeutschland sind auch Sanierungsmaßnahmen für überalterte Systeme gefordert.

Die Aufarbeitung technisch nicht mehr zulässiger Systeme, besonders in den neuen Bundesländern, wird auch in den kommenden Jahren eine Herausforderung für BoDo als Dienstleistungsunternehmen darstellen.

Ortsversorgung Abwasser

Das Jahr 1990 markierte einen weiteren Schritt in eine neue Technik. In diesem Jahr begann BoDo, sich in der Horizontalbohrtechnik zu engagieren. Als eines der ersten Rohrbauunternehmen hat BoDo das gesteuerte horizontale Bohren im deutschen Markt angeboten.

Das Unternehmen verfügt über eine große Anzahl von Bohrgeräten, mit denen Stahlrohrleitungen, Kabel und flexible Rohrleitungen jeglicher Art verlegt werden können. Das größte Bohrgerät, die „3000.9-Anlage", verfügt über eine technische Kapazität, mit deren Hilfe Rohrleitungen bis zu einem Durchmesser von 1.400 mm und Bohrlängen bis ca. 1,5 km Länge erreicht werden können.

Diese Technik findet insbesondere bei der Unterquerung von Schiffahrtswegen, Flüssen und Gewässern, Autobahnen, Straßen und Naturschutzgebieten Anwendung.

JET DRILL Bohranlage 2500.9

ANLAGENBAU

Der Anlagenbau hatte seine Anfänge bereits Ende der 60er Jahre. Die Stations-baukolonnen, bestehend aus einem Schweißer und einem Schweißhelfer, fertigten die Anlagen vor Ort.

Heute ist der Bau von Gas- und Regelanlagen zu einem hohen technischen Standard entwickelt worden. Es werden komplette Module in Wiesmoor gefertigt, d. h. Gebäude bzw. Containerbauten, in die alle technischen Einrichtungen installiert werden, um sie nach dem Antransport zur erforderlichen Lokation nur noch montieren zu müssen. Diese Technik hat sich in den vergangenen Jahren weiter entwickelt und bewährt.

In den Werkstätten unseres Unternehmens werden diese Bauelemente komplett vorgefertigt, d. h. in dem BoDo-Betonwerk in Wiesmoor das Gehäuse hergestellt und im BoDo-Anlagenbau die gesamte Meß- und Regeltechnik gefertigt. Der Transport erfolgt per Tieflader zum gewünschten Standort.

Für alle fließenden Medien entwickelt, projektiert, fertigt und liefert BoDo Druck-, Meß- und Regelanlagen für alle Druckstufen, Nennweiten und Durchflußmengen. Ob Mini- oder Maxi - BoDo baut von der kleinen Kompaktanlage bis zur individuell projektierten Großanlage nach dem Prinzip „alles aus einer Hand".

Werksmontage von EWE Gasdruckregelanlagen Größe II. Das entspricht einer Durchlaufmenge von 2.500 m³ Erdgas pro Stunde

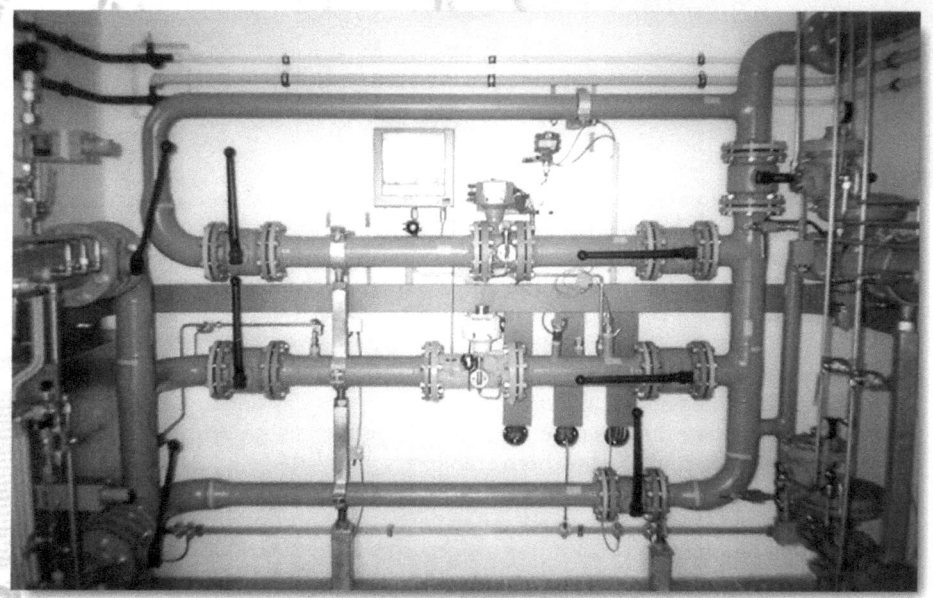

Darstellung von Gasmeßeinrichtungen und Gasdruckregelanlagen

![photo]

Nach dem Transport per Tieflader werden die einzelnen Elemente an dem gewünschten Standort aufgestellt

Direkt nach der Wende wurde die Gaserstversorgung in den neuen Bundesländern realisiert.

Ein Beispiel ist das Eko-Stahlwerk in Eisenhüttenstadt. BoDo Anlagenbau baute diese einfachen stahlummantelten Übergabestationen als Provisorium im Jahre 1991. Diese Anlagentypen wurden nach zwei Jahren gegen Beton-Massivbau-Gebäude austauscht.

Gasübergabeanlage für Eko-Stahl in Eisenhüttenstadt. Im Hintergrund sind die Kühltürme des Stahlwerkes zu sehen

Aufbau der Gasdruckregelstation Saßnitz auf Rügen im Jahre 1992. Von links: Peter Rathmann, Helmut Schmidt (Betonwerk), Adolf Tatje (EWE), Heiko Janßen (EWE) und Alfred Doyen

Am 12. Februar 1991 gründete BoDo sein erstes Tochterunternehmen in den neuen Bundesländern, die GWU Gas-Wasser-Umwelt GmbH in Gommern bei Magdeburg. Inzwischen zählt das Unternehmen schon über 450 Beschäftigte.

GWU Gommern GmbH
Gas - Wasser - Umwelt
Magdeburger Straße
39245 Gommern
Telefon: 039200/68-0
Telefax 039200/68-210

Die Energieversorgungsunternehmen gingen Anfang der 90er Jahre
dazu über, die Hochspannungs-
Freileitungen auf der Spannungs-
ebene 60 kV und 220 kV abzu-
bauen, um sie durch 110 kV und
380 kV zu ersetzen.

*In 20 m Höhe bauen BoDo-Monteure die
60 kV in Stuckenborstel ab*

*Ein BoDo-Monteur in luftiger Höhe beim
Abbau der Freileitung*

Abbruch der 110 kV Hochspannungs-Freileitung der PreussenElektra in Lauenburg an der Elbe: Die BoDo-Monteure in 97,5 m Höhe, von links: die Steiger Johann Spanjer, Holger Hobbie und darunter Frerich Eilts

Für viele Versorgungsunternehmen ist BoDo seit Jahrzehnten tätig. Ein wichtiger Auftraggeber ist dabei der Oldenburgisch-Ostfriesische Wasserverband (OOWV) in Brake. Ob Hausanschlüsse, Ortsversorgung oder Fernleitungsbau - BoDo war ein ständiger Partner. Unser Foto zeigt die Verlegung eines Dükers DN 600 durch die Soeste im Jahre 1987.

Am 7. Juli 1992 wurde das zweite BoDo Tochterunternehmen in den neuen Bundesländern, die BDV Bohlen & Doyen Versorgungstechnik GmbH in Müllrose bei Frankfurt/Oder, gegründet. Inzwischen zählt das Unternehmen über 250 Belegschaftsmitglieder.

Die Luftaufnahme zeigt das Betriebsgelände mit Verwaltungsgebäude und Werkshalle.

Nachdem BoDo sich bereits Mitte der 60er Jahre am Betonwerk Wiesmoor beteiligt hatte, dieses Unternehmen ist inzwischen eine 100 %-Tochter, folgte am 28. April 1976 eine Beteiligung am Beton- und Plattenwerk Westerstede.

Nach dem Fall der Mauer ging BoDo weitere Beteiligungen an Betonwerken ein, und zwar am Spannbetonwerk Hennickendorf und an der Betonprodukte Verwaltungs GmbH Hennickendorf in der Nähe von Berlin.

Das Verwaltungsgebäude
der beiden Betonwerke
in Hennickendorf

Die BVM Betonprodukte-Verwaltungs GmbH ist seit vielen Jahren ein leistungsstarker Spezialanbieter. In den modernen Werken sind heute 85 erfahrene Mitarbeiter beschäftigt. Die Betonspezialisten aus Hennickendorf im Osten Berlins gehören seit dem Jahr 1991 zu einer renommierten norddeutschen Unternehmensgruppe. BVM wurde in den letzten Jahren konsequent umstrukturiert und entwickelte sich schnell zu einem starken und gefragten Partner am Bau.
Die Produktpalette der BVM ist vielfältig und auf die Anforderungen der modernen Bauwirtschaft exakt zugeschnitten. Die BVM-Deckenplatte ist inzwischen ein echter Begriff für eine Vielzahl von großen Baufirmen in Berlin, Brandenburg und den anderen Bundesländern. Überzeugende Vorteile sind die fast unbegrenzten Möglichkeiten bei der bedarfsgerechten Herstellung von Deckenplatten. BVM-Betonexperten planen und projektieren. Die maßgeschneiderten Produkte werden dann in einem vollautomatischen Werk termingenau gefertigt. Moderne BVM-Betonfertigteile finden heute Verwendung beim Bau von Wohnanlagen, Eigenheimen und anspruchsvollen Großprojekten in Industrie und Gewerbe.

BVM-Beton steht aber auch für hochwertigen Transportbeton. Mit eigenen Fahrzeugen und modernsten Maschinen werden vorrangig im östlichen Umland von Berlin zahlreiche Baustellen beliefert. BVM fertigt außerdem Gehwegplatten für alle Anforderungen und in jeder gewünschten Ausführung. Die Palette erstreckt sich dabei von der schlichten Gartenplatte über Waschbeton und Strukturplatten bis hin zu wertvollen, geschliffenen Produkten. Das umfassende Angebot vermarktet BVM zielgerichtet. Das heißt, den Erfordernissen des Marktes entsprechend, werden diese Produkte ausschließlich über den Baustoffhandel an weiterverarbeitende Firmen vertrieben.

Referenzobjekte:
Ingenieurbau GmbH Berlin
- Wohn- und Geschäftshaus, Haynauer Straße (BVM-Deckenplatten)
Neumann Ingenieurbau GmbH
- Hotel Rohrdamm, Berlin Spandau
Walter Bau AG Berlin (BVM-Deckenplatten)
- Rehabilitationsklinik Hoppegarten b. Berlin (BVM-Deckenplatten)
HS-Bauerrichtungs GmbH
- Büro- und Gewerbezentrum, Gottlieb Dunkel Straße (BVM-Deckenplatten)
Firma Karl-Heinz Wenning, Lindenberg
- Gaststätte "Lindenberger Krug" (Gehwegplatten)

 Betonprodukte
Verwaltungs GmbH

BVM Betonprodukte-Verwaltungs GmbH
Berliner Straße 32 a · 15378 Hennickendorf
Tel.: 03 34 34 / 709 · Fax : 03 34 34 / 7 03 24

Knapp zwei Jahre nach dem Fall der Mauer gab es eine interessante Aufgabe für die BoDo-Pipelinebauer. Am 1. September 1991 war der Beginn für den Bau der 32,5 km langen STEGAL-Gasleitung, DN 800.

STEGAL ist die Abkürzung für „**S**achsen-**Th**üringen-**Erd**g**as**-Leitung". Ausgeführt wurden die Arbeiten durch die Arbeitsgemeinschaft Haakshorst und Bohlen & Doyen. Bereits Ende Juli konnten die Arbeiten zur Zufriedenheit des Auftraggebers fertiggestellt werden.

Unser Foto zeigt die künstlerische Darstellung der Gasleitungs-Verlegung durch das Erzgebirge.

Schweißarbeiten an der STEGAL-Leitung

Im Jahre 1992 konnte das Betriebsgelände am BoDo-Standort in Wiesmoor erheblich erweitert werden.

Am 5. Februar 1992 wurde der Komplex des Vorbesitzers, Amey, eine Halle mit einem Grundstück von 8.203 m², erworben. Am 6. November 1992 erwarb BoDo Betriebshallen und ein Grundstück von 14.453 m² Größe von der Schröder KG.

Während der Amey-Komplex für BoDo-Parkplätze genutzt wird, ist in den Hallen der Schröder KG der BoDo Anlagenbau mit einem weiteren Hallenneubau untergebracht.

Die Luftaufnahme zeigt das jetzt arrondierte Betriebsgelände mit Verwaltungsgebäude und Werkshallen in einer Gesamtgröße von 72.881 m².

Am 5. Oktober 1992 ging BoDo eine Beteiligung an dem Unternehmen RAS Rohrleitungs- und Anlagenservice GmbH in Meppen ein.

Zu den primären Aufgaben dieses Unternehmen zählt die Durchführung von Druckproben für Rohrleitungen und Anlagen. Das Spektrum reicht von Luft- und Wasserdruck- über Schnelldruckprüfungen und Streßdruckproben bis hin zur Ortung von Leckagen und dem Entleeren von Rohren.

Neben Trocknungs- und Reinigungsarbeiten gehören darüber hinaus auch alle Arten von Molchungen - Beulensuchmolchungen und sogenannte „intelligente Molchungen" in allen Dimensionen und Längen - zu den Serviceleistungen von RAS.

RAS hat sich auf dem Sektor der Rohrleitungstrocknung spezialisiert. Moderne Geräte, zum Teil im eigenen Unternehmen entwickelt, sorgen auf der ganzen Länge mit Hockdruck für die maximale Trockenheit der Rohre

Ende 1992 kam es zwischen der Reederei Hermann Buss aus Leer und BoDo zu dem Entschluß, ein Mehrzweckschiff zu erwerben. Das von russischen Auftraggebern in Polen gebaute Schiff wurde als Versorger für Öl- und Gasplattformen gebaut.

Im Dezember 1992 kam es zur Überführung des Schiffes von Swinemünde nach Leer. Auf den Thyssen Nordseewerken in Emden wurde die „MS MANTA" zum Mehrzweckschiff umgebaut. Eingesetzt werden kann die „MS MANTA" als Kabelverleger, Schleppversorger und als Hochseeschlepper mit einem Pfahlzug von 110 t.

Nach dem Einsatz als Kabelverleger in der Ostsee und als Hochseeschlepper in der Deutschen Bucht ist „MS MANTA" seit 1996 in internationalen Gewässern weltweit als Kabelverleger tätig.

BoDo hielt zunächst 70 % und die Reederei Buss GmbH & Cie. 30 % der Anteile; inzwischen hat BoDo alle Anteile übernommen.

Transport der „MS MANTA" von Swinemünde nach Leer im Jahre 1993:

Hein Doyen hißt die BoDo-Flagge auf der „MS Manta"

Schiffseinsatzleiter Egon Buß und Juniorgesellschafter Martin Bohlen auf der Backbordseite der „MS MANTA" vor dem Kreidefelsen von Rügen

Ende 1992 gründete BoDo das Unternehmen Bohlen & Doyen Submarine Cable & Pipe GmbH & Co. KG in Hamburg. Das Tätigkeitsfeld dieses Unternehmens ist die Erbringung von Lieferungen und Leistungen für die Kabel- und Rohrleitungsverlegung bezogen auf den küstennahen Bereich (shore-end).

Inzwischen wurde der Firmensitz des Unternehmens von Hamburg nach Wiesmoor verlegt.

Von Wiesmoor aus geschieht das Management für die „MS MANTA", für die „MV MINISUB I" und für „MV BODO SUPPLIER".

MV MINISUB I

MV BODO SUPPLIER

1993

Am 9. Februar 1993 gründete BoDo zusammen mit dem Unternehmen Ludwig Freytag die „Rohrleitungs- und Anlagenbau GmbH & Co. KG", RAKW, in Königs Wusterhausen.

Das in Wildau, südlich von Berlin, ansässige Unternehmen beschäftigt inzwischen fast 200 Mitarbeiterinnen und Mitarbeiter. Das Foto zeigt die Angebotspalette.

Rohrleitungsbau

Elektrotechnik
Fernmeldeanlagenbau

Straßenbau
Außenanlagen

Tiefbau
Kanalbau

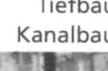

Anlagenbau
Fernwärme

Nicht nur in den neuen Bundesländern, auch in der angestammten „BoDo-Region" weitete Bohlen & Doyen seinen Tätigkeitsbereich aus.

Ein gutes Beispiel dafür ist das Unternehmen Jade-Dienst GmbH mit Sitz in Wilhelmshaven. Diese Firma wurde am 26. August 1993 übernommen.

Bereits seit über 40 Jahren bietet der Jade-Dienst Dienstleistungen in den Bereichen Schiffahrt, Hafen, Taucherei, Wasserbau und Umweltschutz im Wilhelmshavener Hafen mit einer modernen Flotte an.

Folgende Serviceleistungen stehen dem Kunden rund um die Uhr an 365 Tagen im Jahr zur Verfügung:

- Fest- und Losmachen von Seeschiffen
- Hafenumschlag
- Schiffsmeldedienst
- Lotsenversetzdienst
- Längsseittransport/Marpolentsorgung/Bebunkerung
- Wasserbau
- Taucherei
- Bereederung von Spezialschiffen

Der Jade-Dienst zeigt Flagge

Die Übernahmeanlage Schönow wurde für die EWE im Jahre 1994 gebaut. Sie hat eine Sondergröße und besteht aus drei Modulen à 15 m Länge und 3,50 m Breite.

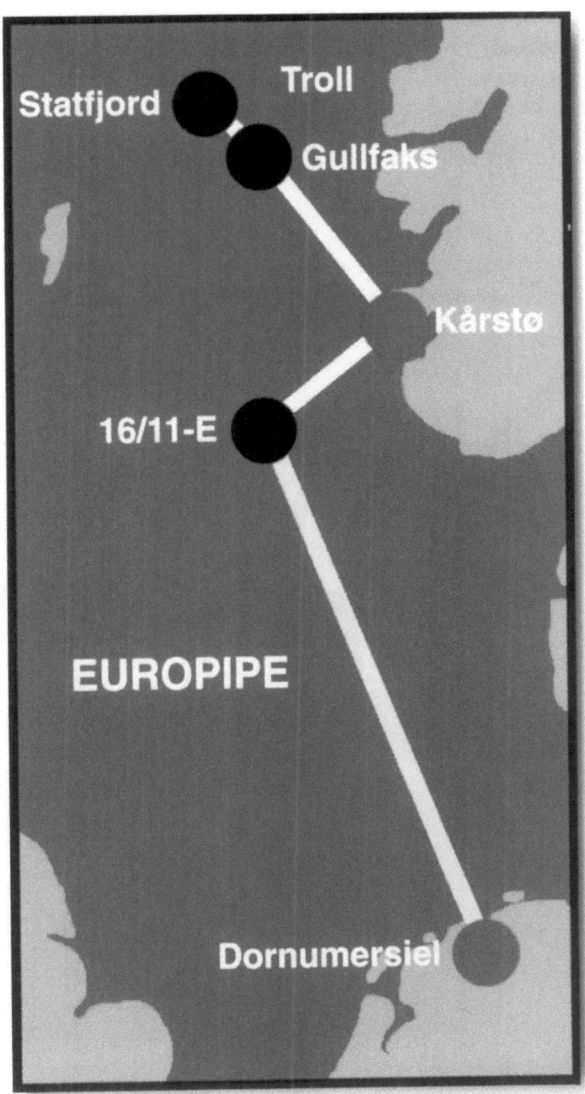

Eine der größten technischen Herausforderungen für das Unternehmen war die Anlandung der Europipe im Jahre 1994. Der STATOIL-Konzern verlegte die 40" Pipeline von der neuen Plattform 16/11 vor der Küste Norwegens durch die Nordsee zwischen den Inseln Baltrum und Langeoog hindurch, um bei Dornumersiel auf die Küste zu treffen.

1994

Mit den Fachbereichen

Pipelinebau
Offshore Pipelineverlegung
Offshore Kabelverlegung
Seevermessung
Wasserbau
Anlagenbau
Tiefbau

und dem Einsatz von Spezialgeräten und Schiffen war BoDo an diesem STATOIL-Projekt beteiligt.

Heinrich Bohlen, Heinrich Doyen und ein Vertreter des Auftraggebers, STATOIL, auf der Baustelle in Dornumersiel

Die Seeleitung wurde bis zur 3-Seemeilen-Grenze in einem vorher ausgehobenen Rohrgraben verlegt. Diese Arbeiten wurden durch die Balje Pipelay, einer Arbeitsgemeinschaft, bestehend aus Bohlen & Doyen und Ludwig Freytag, ausgeführt.

Die niedersächsische Landesregierung hatte entschieden, daß der „Nationalpark Niedersächsisches Wattenmeer" nur in einem Tunnelverfahren unterquert werden dürfe.

Schalung des Startschachtes
für den EUROPIPE Tunnel
im Herbst 1993

Die Arge Landfall Tunnel, bestehend aus den Firmen Hochtief und Bohlen & Doyen, hatte die schwierige und bis dahin weltweit einmalige Aufgabe, den „Nationalpark Niedersächsisches Wattenmeer", also das trocken fallende ostfriesische Wattenmeer, mit einem Tunnel zu unterqueren.

Der EUROPIPE Tunnel hat eine Länge von 2.535 m bei einem Innendurchmesser von 3,00 m und einem Außendurchmesser von 3,80 m. Die Tunnelbohrmaschine, die bei der Firma Herrenknecht in Schwanau speziell für den EUROPIPE Tunnel gebaut wurde, war 36 m lang und hatte ein Gesamtgewicht von 200 t.

Alle 100 m waren im Tunnel Hydraulik-Dehner eingebaut, die für den Zwischenvor-
wärtstrieb gesorgt haben.

In der Innenansicht des Tunnels sind die symmetrisch angebrachten Dehner, die Versorgungsleitungen
für Sauerstoff und Frischwasser sowie die Entsorgungsleitungen zu sehen

Während des Tunnelvortriebes wurde die
Tie-In-Chamber als unten offener Senk-
kasten am geplanten Verbindungspunkt
von Tunnel und Seeleitung abgesenkt.

Die bei der OLM-Werft in Leer gebaute Tie-In-
Chamber hatte ein Gewicht von 341 t, eine Höhe
von 19,50 m und einen Durchmesser von 13,90 m

Zur Stabilisierung der Tie-In-Chamber und zur Aufnahme von Reaktionskräften aus den Pipelines wurden 17 Ankerpfähle unterschiedlicher Länge durch die Tie-In-Chamber in den Meeresboden gerammt. Anschließend wurde Unterwasserbeton mit Stahlarmierung, durch Taucher überwacht, in die Tie-In-Chamber eingebracht.

Nach exakten Vermessungsarbeiten wurden die beiden Verbindungsstücke zwischen den Tunnelpipelines und den Seeleitungen hergestellt und eingesetzt.

Nach Fertigstellung der Verbindungen wurde die Tie-In-Chamber bis über das Niveau der Seeleitungen mit Stahlbeton ausgefüllt. Die Untertage-Verbindungskammer wurde dann bis unter Meeresbodenhöhe zurückgebaut und die verbliebene Vertiefung mit Boden aufgefüllt, so daß der ursprüngliche Zustand des Meeresbodens wieder hergestellt werden konnte.

1994

Bereits 18 Monate nach dem Fall der innerdeutschen Grenze gründete Bohlen & Doyen in Thüringen das Unternehmen „Rohrbau Bohlen & Doyen", Meiningen. Am 15.08.1994 erfolgte eine Umfirmierung in „GLU Gesellschaft für Leitungsbau und Umwelttechnik mbH" mit dem Sitz in Erfurt.

Von dort werden die Niederlassungen in Bleicherode, Mühlhausen, Weimar, Jena, Sonneberg und Meiningen betreut.

Inzwischen werden dort weit über 300 Mitarbeiterinnen und Mitarbeiter beschäftigt.

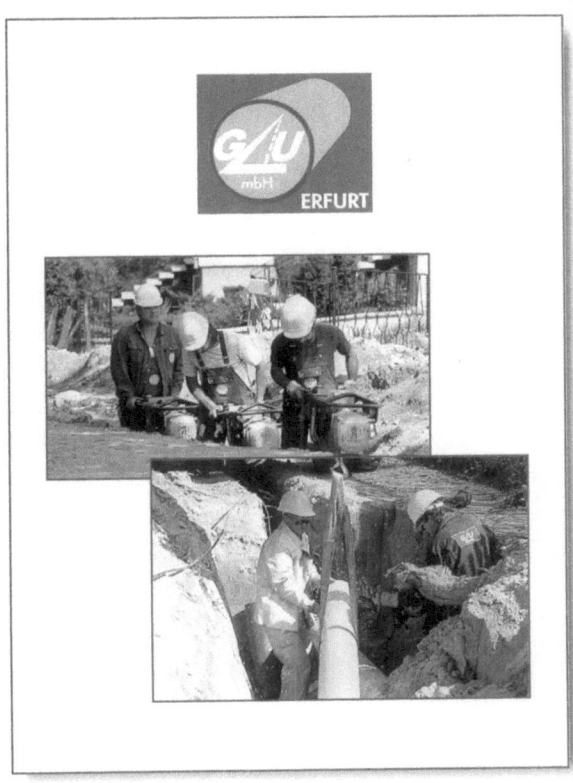

1994

Am 20. Dezember 1994 gründete BoDo zusammen mit dem Unternehmen Stadtwerke Leipzig GmbH die LVU Leitungs- und Versorgungssysteme GmbH in Kulkwitz (70 % Bohlen & Doyen / 30 % Stadtwerke Leipzig).

Einbindung einer Gasleitung im Dezember 1997

Die LVU hat sich als zuverlässiger Partner im Tief- und Rohrleitungsbau im Großraum Leipzig etabliert und beschäftigt inzwischen 90 Mitarbeiter.

1994

Der Fall der innerdeutschen Grenze hatte eine Umwälzung in Osteuropa zur Folge. Die von dem russischen Präsidenten Michael Gorbatschow gewollte „Perestrojka" versuchte man in Rußland umzusetzen. Der russische Markt begann sich zu öffnen. So kam es am 12. Mai 1994 zur Gründung eines Unternehmens mit dem Namen „VIS & MOS ltd.".

Die 12.500 Einwohner zählende Gemeinde „Wiesmoor" und die 8,5 Millionen Einwohner zählende russische Hauptstadt „Moskau" standen dafür Pate. „VIS" für Wiesmoor und „MOS" für Moskau beinhaltet die Gründung eines Unternehmens mit je 50 % Anteilen zwischen der russischen Strojtransgaz und BoDo.

Vertragsunterzeichnung im Verwaltungsgebäude der Strojtransgaz in Moskau im Januar 1995.
Von links: Gerhard Harms, Heinrich Bohlen und der Präsident der Strojtransgaz, Arnold Bekker

Aufgabe von Vis & Mos ist die Anwendung der steuerbaren Horizontalbohrtechnik. Diese Technik ermöglicht die Neuverlegung von PE- oder Stahlrohren als Düker bzw. als grabenlose Rohrverlegung.

Für die gesteuerte Bohrung kommt ein hydraulisch betriebenes Bohrgerät auf einem geländegängigen Trägerfahrzeug zum Einsatz. Die Bohreinheit kann ohne fremde Hilfe in Position gebracht werden. Die Versorgungseinheiten mit den „Bentonit-Mischeinheiten" für die Bohrspülung sind auf Sattelaufliegern montiert. Ein rechnerunterstütztes Magnetfeld-Meßverfahren ermöglicht bei der vorausgehenden Pilotbohrung die exakte Steuerung des Bohrvorganges.

Während des Bohrens und Räumens wird ständig eine „Bentonit-Spülung" aus einem Wasser-Tongemisch durch das Bohrgestänge ins Bohrloch gepumpt, um das Bohrgut herauszufördern und das Bohrloch zu stabilisieren.

Das Foto zeigt die Vis & Mos Fahrzeug-Flotte auf dem BoDo-Platz im Sommer 1995 in Vorbereitung für den Transport nach Wolgograd

Die größte BoDo-Bohranlage ist die „Jet-Drill 3000.9 Anlage", das erste Großbohrgerät auf dem deutschen Markt. Diese Anlage wurde zur Unterquerung des Wolga-Don-Kanals im August 1997 eingesetzt. Durchgezogen wurde ein Produktenrohr mit einem Durchmesser von 1.420 mm auf einer Länge von 786 m für die Gasleitung von Potschinky nach Isobilnoje.

Die russischen Auftraggeber waren von dieser Leistung derart begeistert, daß sie den beiden Senioren Heinrich Bohlen und Heinrich Doyen im Dezember 1996 jeweils eine Auszeichnung in Form eines schweren Metallsiegels überreichten.

Im September 1997 fand in Orjol, südlich von Moskau, eine Baumesse statt. Am 18.09.1997 besuchte der Präsident der russischen Föderation, Boris Jelzin, den Messestand von Vis & Mos.

Präsident Boris Jelzin vor der 20 t Bohranlage, umgeben von Vis & Mos-Mitarbeitern

Auch bei klirrender Kälte wurde bei Vis & Mos gearbeitet. Beim Einzug einer Ölleitung mit einem Durchmesser von 530 mm auf einer Länge von 346 m entstand am 5. März 1998 dieses Foto in Nordsibirien bei minus 36° C.

Am 1. Oktober 1994 kam es zur Gründung der Bohlen & Doyen Betriebskrankenkasse. Mit einem Zustimmungsvotum von über 96 % hatten sich die Belegschaftsmitglieder für diese Einrichtung entschieden. Untergebracht ist die BoDo BKK im ehemaligen Doppelwohnhaus der Firmengründer in Wiesmoor an der Hauptstraße 248.

Die BoDo BKK ist eine Körperschaft des öffentlichen Rechts, zunächst gegründet für das BoDo Unternehmen und seine Tochterfirmen.

Am 1. Januar 1997 erfolgte eine Öffnung der BoDo BKK auch für fremde Unternehmen. Die BoDo BKK hat inzwischen 5.934 Mitglieder, zusammen mit den Familienangehörigen werden über 10.000 Versicherte betreut.

Mitgliederentwicklung

	Mitglieder	Familienangehörige	Gesamt
01.01.95	1.745	1.195	2.940
01.01.96	2.104	1.354	3.458
01.01.97	3.305	2.250	5.555
01.01.98	4.494	3.017	7.511
01.01.99	5.245	3.402	8.647
01.01.00	5.934	4.082	10.016

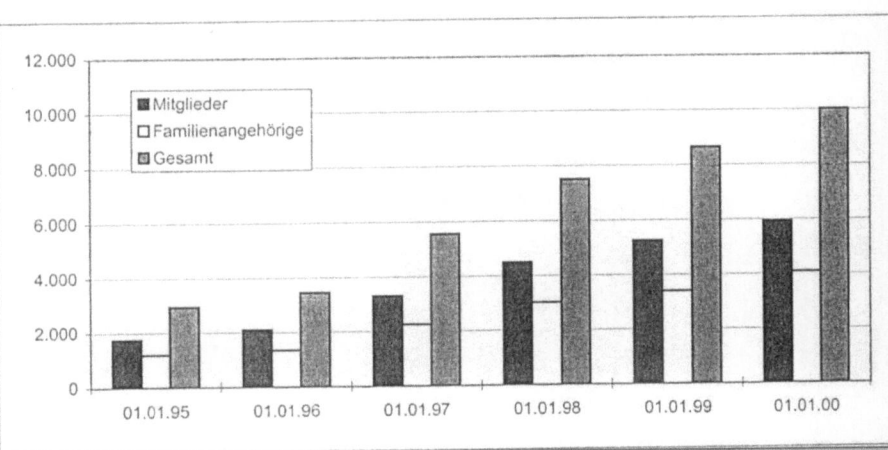

Seit dem 30. November 1994 hat sich BoDo auch an Unternehmen der Seevermessung beteiligt. Mit dem Firmensitz in Bremen ist dies die OSAE Offshore Survey and Engineering Gesellschaft für Seevermessung mbH und mit dem Firmensitz in Rostock die BALTIC Hydrographischer Service Gesellschaft für Seevermessung mbH.

Mit einem modernen Ausrüstungsstandard und fachlicher Kompetenz vom Einsatzspektrum der Kiesgrubenpeilung bis hin zur Hochseevermessung kann eine Datenauswertung mit einem leistungsfähigen Computernetz erfolgen.

Das Vermessungsschiff „Sounding Symphony" ist speziell für Rohrleitungs- und Kabeltrassenerkundungen sowie für großflächige Tiefenmessungen im Küstenbereich konzipiert.

Vermessungsschiff „Sounding Symphony"

Der Firma OSAE steht nunmehr auch das Hochsee-Vermessungsschiff „Kommandor Jack" (ehemals deutsches Forschungsschiff Valdivia) zur Verfügung. Das Schiff wird derzeit in Zusammenarbeit mit dem Eigner Hays Ships Ltd. aus Schottland mit Vermessungsgerät ausgerüstet, darunter modernste Fächerlotanlagen für die Flachwasser- und Tiefseepeilung (Firma Kongsberg Simrad).

Die „Kommandor Jack" ist mit einer Länge von insgesamt 74 m, sechs Laboratorien (Arbeitsräumen), einem Konferenzraum sowie einem Arbeitsdeck von 180 m² und zahlreichen Kränen / Hebevorrichtungen bestens für die Hochseevermessung ausgestattet und kann weltweit eingesetzt werden. Dabei kommt der Vermessung der im Zuge der UN Seerechtskonvention größtenteils auf 200 Seemeilen ausgeweiteten Wirtschaftszonen besondere Bedeutung zu.

1995

Im Januar 1995 konnte das BoDo Verwaltungsgebäude am Firmensitz in Wiesmoor, das zuvor in mehreren Bauabschnitten immer wieder erweitert wurde, mit einem großen Anbau in Betrieb genommen werden.

Im Gesamtverwaltungskomplex stehen nunmehr 102 Büros, 7 Konferenzzimmer und 1 Versammlungsraum für 150 Personen zur Verfügung.

Das Foto zeigt das Verwaltungsgebäude und die daneben befindlichen Werkshallen

Im April 1995 begann BoDo mit Rammarbeiten am Mittellandkanal bei Wolmir-
stedt. Es wurden 9 m lange AZ-Stahl-
spundbohlen bis 50 cm über Wasserstand
eingerammt. Beidseitig der Ufer wurden
insgesamt 7 km Rammarbeiten ausgeführt.

*Rammbagger „Liebherr HS 850" mit „Mäkler" beim
Einschlagen der Spundbohlen*

Arbeitsschiff „BD III" mit Rammbagger „Liebherr HS 850" und Vorsetzbagger „Hitachi KH 150-3"

1995

Auf Ebene der Ortsnetze im Bereich der Mittelspannungskabel erfolgte durch die Energieversorgungsunternehmen eine Umstellung von Freileitungen auf erdverlegte Kabel.

Dazu mußten Freileitungsstationen, sogenannte Transformatoren, abgebaut und durch GKS-Stationen ersetzt werden.

Demontage eines Transformators in Veenhusen im November 1995

Montage einer 20 kV GKS-Station für die EWE in Strackholt. Vor dem Schaltschrank der Monteur Johann Schreiber

Im November 1995 wurde Bohlen & Doyen in den Bereichen

Anlagenbau
Bohrtechnik
Ortsversorgung
Rohrleitungsbau
Serviceconsulting
Tiefbau und Deponietechnik
Wasserbau

vom Germanischen Lloyd nach DIN EN ISO 9001 zertifiziert.

Das Foto zeigt bei Übergabe des Zertifikates von links den Leiter des Germanischen Lloyd in Hamburg, Herrn Fischer; daneben Heinrich Doyen; rechts davon der für die Zertifizierung beim Germanischen Lloyd zuständige Herr Dr. Weber; daneben der bei BoDo für die Qualifizierung zuständige Klaus Hahn und rechts davon Alfred Doyen und Wilfried Bohlsen.

Komplettleistungen - BoDos Stärke

Hochtechnische Anlagen für sensible Medien brauchen professionelle Wartung und Pflege. In dem BoDo-Geschäftsbereich Serviceconsulting arbeiten qualifizierte Mitarbeiter, die mit allen Aufgaben rund um die Anlagenwartung bis ins Detail vertraut sind.

Im Rahmen der Komplettleistungen bietet BoDo Wartungsverträge für die regelmäßige Überwachung; dazu zählen:

- Betreuung und Wartung der Gasdruckregelanlagen, darin eingeschlossen die gesamte Elektrik, Elektronik, Heizungs- und Gebäudetechnik
- Wartung und Instandsetzung der Odorieranlagen
- Lieferung von Odoriermitteln
- Sach- und fachgerechte Entsorgung von kontaminierten Teilen und Stoffen
- Messung des THT-Gehaltes im Rohrnetz mit Protokollbeleg
- Wartung und Instandsetzung im Wasser- und Abwasserbereich
- Dienstleistung im neu entstehenden Telekommunikationsmarkt

Speziell für den BoDo-Bedarf wurden Fahrzeuge der Bohlen & Doyen Serviceconsulting GmbH & Co. ausgestattet:

Seit dem 1. Januar 1995 ist auf dem BoDo Betriebsgelände in Wiesmoor eine Notrufleitzentrale eingerichtet, die rund um die Uhr besetzt ist.

Aufgabe der Dispatcher-Zentrale ist die Entgegennahme von Störmeldungen, die, von privat oder automatisch ausgelöst, angenommen werden. Diese Störfälle werden in der Leitstelle dokumentiert, und es erfolgt eine Weiterleitung zwecks Behebung an den örtlichen Bereitschaftsdienst.

Der Schichtleiter Erwin Bette in der Notrufleitzentrale

In den Jahren 1997 bis 1999 verlegten die BoDo-Pipelinebauer die DN 1.200er JAGAL-Stahlgasleitung. Es wurden im Streckenbereich JAGAL I, Los III von Friedersdorf bis Baruth, südlich von Berlin, 37 km und im Streckenabschnitt JAGAL II, Los IX von Leipzig bis Zeitz 30,5 km verlegt.

Leitungstrasse der JAGAL-Leitung

Ein Hindernis war der Riesenfindling mit einer Größe von 4 x 6 x 2 m. Er mußte seitlich abgewälzt werden, um den Trassenverlauf einzuhalten. Vor dem Findling der BoDo-Mitarbeiter Dietmar Berg

1997 erhielt die Arbeitsgemeinschaft, bestehend aus dem Mutterhaus Bohlen & Doyen und dem Tochterunternehmen GWU Gommern, von der Stadt Hennigsdorf den Auftrag für die Verlegung einer ca. 3 km langen Abwasserdruckleitung von Hennigsdorf zum Klärwerk Wansdorf im Abschnittsbereich Schönwalde.

Zwei GWU-Mitarbeiter beim Verlegen der Abwasser-Steinzeug-Druckrohrleitung DN 600

BoDo-Rohrleger mit dem zu verlegenden betonummantelten Stahlrohr. Auf dem Rohrleger der BoDo-Mitarbeiter Jens Alting

Sophie Bohlen und Anna Doyen gehörten vom 23. Dezember 1988 bis zum 28. August 1997 dem Aufsichtsrat an.

Seit dem 28. August 1997 setzt sich der Aufsichtsrat wie folgt zusammen:

- Heinrich Bohlen, Wiesmoor (Vorsitzender)
- Heinrich Doyen, Wiesmoor
- Gerd Reiners, Oldenburg

*Die BoDo-Bohranlage 2.500,9 bei einem nächt-
lichen Einsatz bei der Unterquerung des Flusses
Schlei in Schleswig-Holstein.*

*Für die EWE Oldenburg wurde im Juli 1998 eine Kabelanlandung auf Norderney durchgeführt. Verlegt
wurde ein Kabelschutzrohr aus Stahl AD 178 mm und ein Kabelschutzrohr aus Stahl AD 127 mm vom
Hafenbereich der Stadt Norderney bis in das trockenfallende Watt über eine Länge von jeweils 1.170 m
im Horizontalbohrverfahren. Die Schutzrohre dienen der Aufnahme eines 20 kV Stromkabels und diverser
Telekommunikations- und Steuerkabel*

Mit einer knappen Mehrheit von nur 18 Stimmen hatte der Deutsche Bundestag am 20. Juni 1991 beschlossen, daß Bundestag und Bundesrat nach Berlin umziehen. Dieser historische Umzugsbeschluß wurde nach einer fast 11stündigen „Mammutdebatte" gefällt. Die Debatte über den Umzug gilt bis heute als eines der Lehrstücke der parlamentarischen Demokratie. Bis zuletzt war nicht klar, wie die Entscheidung ausfallen würde. (Zu den Befürwortern des Umzugsbeschlusses zählte auch der von BoDo für die Politik beurlaubte Mitarbeiter, der Abgeordnete Wilfried Bohlsen.)

Dieser Umzugsbeschluß hatte zur Folge, daß das Parlament seinen Sitz von Bonn nach Berlin verlegte und der Deutsche Reichstag in Berlin wieder Parlamentssitz wurde. Am 19. April 1999 wurde das nach Plänen von Sir Norman Forster umgebaute Reichstagsgebäude vom Deutschen Bundestag übernommen. Dem vorausgegangen waren erhebliche Bauaktivitäten im Regierungsviertel in Berlin, an dem auch BoDo beteiligt war.

So mußte unter anderem ein Fernbahntunnel mit vier Röhren von je 10 m Durchmesser und eine Röhre von 6,50 m Durchmesser gebaut werden. Die vier Röhren dienten der „Deutschen Bahn AG" für die Nord-Süd-Achse der Verbindung von Rostock über Berlin nach Dresden. Die kleinere Röhre war für die U-Bahn vorgesehen.

Die Start- und Zielbaugrube für den Schildvortrieb lag genau vor dem Reichstagsgebäude. Bauherr war die Deutsche Bahn AG, die den Auftrag für das Projekt Los 3 an eine Arbeitsgemeinschaft, bestehend aus den Firmen Hochtief, Holzmann, Bilfinger & Berger und Dywidag, vergab.

Diese Arge wiederum beauftragte BoDo mit dem Bodenaushub. Im Naßbaggerverfahren mit dem Cutterbagger „BODO II" und mit „Dop-Pumpen" wurden rund 250.000 m³ Boden ausgespült.

Cutterbagger „BODO II" vor dem Deutschen Reichstag in Berlin im Jahre 1997 beim Baggern einer 28 m tiefen Baugrube

1998

Am 12. September 1998 wurde der derzeit leistungsstärkste Windpark Europas in Westerholt im Landkreis Wittmund in Ostfriesland eingeweiht. Insgesamt wurden 36 Windkraftanlagen mit je 1,5 Megawatt errichtet. Die BoDo Ortsversorgung hatte den Auftrag für die Verlegung von 40 km Mittelspannungskabel und die dazu erforderlichen Steuerleitungen.

Der Windpark in Westerholt

BoDo war an der Arbeitsgemeinschaft Kaarstoe Pipeline Contractors (KPC) beteiligt, die von April 1998 bis zum Herbst 1999 eine 1.000er Stahlrohrleitung von der Insel Bokn nach Kaarstoe (Norwegen) verlegt hat.

Die Landleitung wurde auf 27 km Länge in Fels und Stein verlegt. Die Seeleitung bestand aus drei Sundkreuzungen mit einer Gesamtlänge von ca. 3 km.

Verlegen der Landleitung

Der BoDo-Seilbagger beim Verlegen der Seeleitung.
Auf der Seeleitung waren zunächst Schwimmer befestigt. Die 1.000er Leitung wurde auf einem vorbereiteten
Kiesbett bis in 80 m Meerestiefe verlegt

Ausbildung im Unternehmen Bohlen & Doyen

Das Unternehmen hat seit den 70er Jahren immer großen Wert auf Nachwuchsförderung gelegt. Insofern wurde die Ausbildung von Jugendlichen bei Bohlen & Doyen nachdrücklich gefördert.

Im gewerblichen Bereich war dies die Ausbildung zum „Betriebsschlosser". Dieses Ausbildungsziel veränderte sich ab 1988 zum „Industriemechaniker-Betriebstechnik" und seit 1999 zusätzlich auch zum „Anlagenmechaniker". Im kaufmännischen Bereich heißt das Ausbildungsziel „Bürokauffrau" bzw. „Bürokaufmann" oder „Industriekauffrau" bzw. „Industriekaufmann".

Insgesamt durchliefen in den letzten 30 Jahren über 150 Jugendliche eine Ausbildung bei BoDo.

Unser Foto aus dem Jahre 1999 zeigt von links:
Daniel Reis, Volker Reiners, Dominik Arians, Werkstattmeister Arnold Koens als
Ausbildungsleiter, Tino Juilfs, Manuel Kleen, Gerold Eiben

Von links: Manuel Kleen, Dominik Arians, Tino Juilfs und Gerold Eiben

Maike Weber in der Ausbildung
zur Bürokauffrau
Foto: bei der Erfassung von
Eingangsrechnungen

Manuel Kleen bei der
Feinarbeit mit der Metallsäge

Kaufmännische Auszubildende

Helga Höfts	1979
Anja Alting	1983
Edith Beyen	1985
Sonja Fockenga	1987
Marion Samse	1989
Anja Schoon	1990
Monika Taapken	1991
Anke Heykes	1992
Gunda Stoelken	1993
Maike Sanders	1993
Volker Gerdes	1993
Kerstin Fockenga	1994
Claudia Köster	1994
Thorsten Schoon	1995
Tanja Hedemann	1995
Sabine Wiese	1996
Holger Gerdes	1996
Maike Buss	1997
Maike Weber	1998
Sabine Pläb	1998
Martin Sinnen	1998

Auszubildende als Betriebsschlosser

Dieter Trauernicht	1969
Erwin Tramann	1972
Bernhard Heyen	1977
Hartmut Ottersberg	1977
Helmut Meyer	1977
Harri de Vries	1977
Reinhard Trauernicht	1978
Michael Meyer	1978
Horst Hinrichs	1978
Wolfgang Eschen	1978
Alfred Badberg	1978
Gerhard Willms	1979
Jürgen Schoon	1979
Hermann Saathoff	1979
Hartmut Timker	1981
Karl-Heinz Post	1981
Rolf Meyer	1981
Heinz-Gerold Heyen	1981
Erwin Feldmann	1981
Uwe Behrends	1981
Harald Manshold	1981
Heinz Klüver	1981

Johann Heeren	1982
Klaus Gehrmann	1982
Henry Stuhlert	1982
Hermann Hillers	1983
Hartmut Schoon	1983
Bernd Stäbler	1983
Harald Feige	1983
Günter Heykes	1984
Lothar Meyer	1984
Johannes Meyer	1984
Jens Alting	1985
Holger Eschen	1985
Heinz-Hermann Schoon	1985
Jann Kleen	1985
Manfred Kleen	1985
Alfred Rademacher	1985
Frank Braukmüller	1986
Heinz Christians	1986
Gerold Doyen	1986
Gerd Harms	1986
Bernd Kampen	1986
Harald Trauernicht	1986
Joachim Schoone	1986
Mario Aden	1987
Ralf Bürger	1987
Thomas Cobus	1987
Gerriet Kleen	1987
Jürgen van Loh	1987
Enno Taapken	1987

Auszubildende als Anlagenmechaniker seit 1999

Reiner Lange
Frank de Freese

Umschüler

Konrad Rademacher
Frerich Eschen
Heiko Dirks
Fritz Eilers
Helmut Dirksen
Manuel Ihmels
Andrey Osterkamp
Harald Siebolds

Auszubildende als Industriemechaniker Betriebstechnik

Name	Jahr
Edelbert Gerdes	1988
Harald van Loh	1988
Uwe Peters	1988
Wilfried Schneider	1988
Michael Schoone	1988
Lothar Theen	1988
Ralf Beckhuis	1989
Holger Eihusen	1989
Ewald Foorden	1989
Thomas Jelken	1989
Detlef Kleen	1989
Heino Trauernicht	1989
Andreas Beekmann	1990
Axel van der Berg	1990
Jörg Heykes	1990
Jens Konopka	1990
Thorsten Meinen	1990
Gerhard Reiners	1990
Harald Schoon	1990
Robert Trauernicht	1990
Mathias Beekmann	1991
Thorsten Bohlen	1991
Reiner Christalle	1991
Guido Eilers	1991
Reiner-Eric Nordbrock	1991
Thorsten Meczys	1991
Ralf Rademacher	1991
Frank Behrends	1992
Manuel Duchna	1992
Ewald Eden	1992
Mathias Effken	1992
Holger Goesmann	1992
Mathias Habben	1992
Holger Hillers	1992
Mirko Peters	1992
Jörg Pfeiffer	1992
Thorsten Aden	1993
Frank de Buhr	1993
Werner Diener	1993
Reinhard Faß	1993
Thorsten Faß	1993
Holger Köster	1993
Jens Schoone	1993
Heiko Zimmermann	1993

Auszubildende als Industriemechaniker Betriebstechnik

Name	Jahr
Markus Buhr	1994
Harald Cornelius	1994
Ingo Hansjürgens	1994
Ralf Jacobs	1994
Thorsten Kleen	1994
Arno Saathoff	1994
Christjan Saathoff	1994
Hans-Joachim Schneider	1994
Gerold Eiben	1995
Thorsten Fecht	1995
Holger Frühling	1995
Frank Goesmann	1995
Thomas Munzig	1995
Uwe Schäfer	1995
Manuel Weyerts	1995
Marco Brands	1996
Volker de Buhr	1996
Toni Hedemann	1996
Dieter Michallek	1996
Christian Müller	1996
Joachim Reis	1996
Matthias Schoone	1996
Stephan Albers	1997
Gerold Eiben II	1997
Manuel Kleen	1997
Ralf Siede	1997
Henning Tramann	1997
Frank Wiemers	1997
Dominik Arians	1998
Dennis de Buhr	1998
Tino Juilfs	1998
Michael Mönk	1998
Volker Reiners	1998
Daniel Reis	1998
Timo Behrends	1999
Bernd Habben	1999
Daniel Kühnemuth	1999

Auszubildende als Straßenbauer

Name	Jahr
Günther Koss	1996
Frank Rocker	1996
Holger Fleßner	1996
Ralf Öjen	1997
Thomas Ottersberg	1997
Frank Harms	1997
Arno Jelken	1999

Langjährige verdienstvolle Mitarbeiter werden mit höheren Aufgaben betraut

Am 12. Mai 1999 werden Werner Fredrich und Johann Lienemann zu Geschäftsführern der Bohlen & Doyen GmbH berufen. Daneben werden den Mitarbeitern Heino Jänsch und Johannes Wurpts Prokura erteilt.

Werner Fredrich, geboren am 19. August 1946, bei BoDo eingestellt am 1. Juli 1978 als Bauleiter, zum Abteilungsleiter berufen im Januar 1990. Geschäftsführer seit dem 12. Mai 1999

Johann Lienemann, geboren am 11. April 1942, Firmeneintritt 1. Januar 1970 als Bauleiter, zum Abteilungsleiter berufen im April 1994, Geschäftsführer seit dem 12. Mai 1999

Heino Jänsch, geboren am 4. März 1953, Firmeneintritt am 1. Oktober 1979, zunächst kaufmännischer Mitarbeiter, zum Abteilungsleiter berufen im Januar 1990, Prokura erteilt am 12. Mai 1999

Johannes Wurpts, geboren am 13. September 1946, Firmeneintritt am 1. Dezember 1975 als Bauleiter, zum Abteilungsleiter berufen im August 1992, Wiedereintritt sowie Erteilung von Prokura am 1. September 1999

Am 14. Mai 1999 wurden die Firmengründer Heinrich Bohlen und Heinrich Doyen mit dem Verdienstkreuz am Bande des Niedersächsischen Verdienstordens ausgezeichnet. Der Präsident der Bezirksregierung, Herr Bernd Theilen, überreichte Orden und Urkunde im „Moorkolonistenhaus" in Wiesmoor.

von links: Heinrich Doyen, Heinrich Bohlen, Regierungspräsident Theilen

Seit Mai 1999 ist auch die dritte Generation im Unternehmen vertreten. Carsten Bohlen, der Sohn von Martin Bohlen, ist als Diplom-Kaufmann (FH) tätig.

1999

Am 7. September 1999 verstarb der langjährige verdienstvolle Mitarbeiter, das Vorstandsmitglied Gerhard Harms, im Alter von nur 59 Jahren.

Gerhard Harms, der am 1. Dezember 1965 in das Unternehmen eintrat, hat die kaufmännische Abteilung aufgebaut und jahrzehntelang geleitet. In dieser Zeit hat er die Geschicke des Unternehmens maßgebend beeinflußt.

Gerhard Harms war stets Vordenker und Querdenker zugleich. Diese Tatsache ebenso wie sein Wissen um die Geschichte des Unternehmens machten ihn zu einer herausragenden Persönlichkeit.

Am 14. Dezember 1992 wurde er zum Geschäftsführer berufen und am 28. August 1997 rückte er in den Vorstand auf.

Gerhard Harms verstarb plötzlich und unerwartet am 7. September 1999.

Ein Stück Firmengeschichte wird aufgearbeitet

Am Anfang der Firmengründung im Jahre 1950 stand ein LKW Büssing NAG aus dem Baujahr 1941, Typ 500 S, LD 6 mit einer Leistung von 105 PS. Dieses Fahrzeug wurde in Zahlung gegeben, als man sich im Jahre 1955 den zweiten Magirus-Kipper anschaffte. Schon immer schwärmten die Junioren Alfred Doyen, Martin Bohlen und Gerd Doyen davon, ein solches Gründerfahrzeug wieder aufleben zu lassen.

Der glückliche Zufall spielte mit. Im Juli 1999 konnte Alfred Doyen von einem vergleichbaren Fahrzeug aus dem Jahre 1941, einem Büssing LD 6, erfahren, den es in Österreich noch gab. Eine Besichtigung vor Ort war jedoch ernüchternd, denn das Fahrzeug bestand nur noch aus einem verrosteten Fahrgestell. Dennoch entschlossen sich die Junioren zum Kauf dieser Basis.

Von links: Der Betriebsleiter der Firma Bohlen & Doyen Geräteservice, Jann Bruns, und Alfred Doyen im August 1999 in Österreich vor Ort

Die Jahrzehnte haben deutliche Spuren hinterlassen

129

In mühevoller Detailarbeit wurden Daten zusammengetragen und alle vorhandenen Teile wieder aufgearbeitet. Die Anfertigung fehlender Großbauteile von Hand, wie die Motorhaube, der vordere Stoßfänger, die vorderen Kotflügel, die komplette Ladepritsche und manche Kleinteile wurde durch eigenes BoDo-Personal gemeistert.

Das Fahrerhaus, die Vorderachse, der Dieseltank und weitere fehlende Teile wurden im ganzen Bundesgebiet sowie im benachbarten europäischen Ausland zusammengetragen.

Das Restaurationsteam begann Ende August 1999 in Wiesmoor mit der Arbeit. Das Foto zeigt den Baufortschritt im September....

... im Oktober ...

... und im November beim Anpassen der Fahrerkabine und der Ladepritsche

Am 15. Dezember 1999 wurde das restaurierte Fahrzeug anläßlich einer Feierstunde den Firmengründern und deren Ehefrauen sowie der Geschäftsführung der BoDo GmbH präsentiert

Nach nur 4monatiger Restaurationszeit wurde das Fahrzeug rechtzeitig zum 50jährigen Firmenjubiläum fertiggestellt. Es ist die Wiedergeburt des Gründungsfahrzeugs, ein Stück Aufarbeitung der BoDo-Anfangsjahre.

2000

Jetzt

Die Firmengründer
Heinrich Doyen
und Heinrich
Bohlen am
15. Januar 2000
vor dem restaurierten LKW

Einst

Die Jungunternehmer
Heinrich Doyen
und Heinrich
Bohlen vor dem
Gründerfahrzeug
im Jahre 1950

Die Belegschaft des Unternehmens Bohlen & Doyen mit ihren Tochter- und Beteiligungs-firmen schenkte den Firmengründern Heinrich Bohlen und Heinrich Doyen am 15. Januar 2000 aus Anlaß des 50jährigen Firmenjubiläums ein Gemälde der zwei Jubilare.

Der ukrainische Künstler Prof. Ivan Guzul, geboren 1959 in Nedoboewzi, malte die Portraits im Monat November 1999 während eines Aufenthaltes in Deutschland.

Prof. Ivan Guzul absolvierte sein Kunststudium an der Kunstakademie Grekow in Odessa. Er ist ein Meister der überdimensionalen Malerei und in seiner Heimat auch ein bekannter und gefragter Kirchenmaler.

Seit 1995 ist Prof. Guzul mit Dauerausstellungen in der Mühlengalerie in Großefehn vertreten.

CHRONOLOGIE 1950 - 1968

05.12.1949	Kauf des Büssing-LKW LD 6, 105 PS, 5 t Dieser LKW wurde zum Preis von 13.500 DM bei dem Autohaus Osterkamp in Aurich gekauft.
15.01.1950	Eintragung des Unternehmens als Fuhrbetrieb Bohlen & Doyen GbR bei der IHK für Ostfriesland und Papenburg. Als Firmensitz wurde die Luisenwieke in Wilhelmsfehn eingetragen.
1953	Kauf des zweiten LKW, Fabrikat Magirus. Dieser LKW hatte bereits eine Kippvorrichtung.
1954	Kauf des 200 t Binnenmotorschiffes „BODO".
09 / 1954	Einstellung des Mitarbeiters Heyo Beekmann als Schiffsjunge für das Binnenschiff „BODO". Schiffsführer war seinerzeit Martin Bohlen, der Bruder von Heinrich Bohlen.
1955	Kauf des dritten LKW, Fabrikat Magirus-Kipper. Dabei wurde das Erstfahrzeug, der Büssing LD 6, in Zahlung gegeben.
02.05.1956	Einstellung des Mitarbeiters Hermann Kleen. Hermann Kleen war zunächst als Schiffsjunge tätig. Schiffsführer waren seinerzeit Bertus Aden und Anton Schoon, genannt Anton Bleins.
03.11.1956	Einstellung des Mitarbeiters Wilhelm Onken und Wilhelm Ahlrichs. Erster Einsatz der beiden auf dem Logemannweg in Rispelerhelmt.
1957	Kauf des ersten „Fuchs"-Baggers, Typ 300.
	Bau des Wohn-Doppelhauses für die Ehepaare Bohlen und Doyen in Wiesmoor an der Hauptstr. 248. In der Mitte des Wohn-Doppelhauses befand sich ein Firmenbüro in der Größe von 9,5 m².
1958	Frühjahr - Einzug in den Neubau und Verlegung des Firmensitzes von der Luisenwieke in Wilhelmsfehn nach Wiesmoor-Mitte, Hauptstraße 248.
02.05.1958	Einstellung des Mitarbeiters Gerhard Schmidt als LKW-Fahrer.
1958	Kauf des zweiten „Fuchs"-Baggers, Typ 300. Erster Einsatz dieses Gerätes bei der Bootswerft Lübbe Voss am Ems-Jade-Kanal in Westerende.
1958	Kauf von zwei weiteren LKW.
01.01.1959	Umwandlung des Unternehmens in eine OHG.
1960	Kauf des sechsten LKW, Fabrikat Mercedes, und des dritten „Fuchs"-Baggers.
1960	Die Zahl der Mitarbeiter ist auf 10 angewachsen.
1961	Kauf des siebten LKW und des vierten „Fuchs"-Baggers.
1961	Bau der ersten Reparaturhalle.
1961	Gründung der Firma „Bodosta Bau" durch die Firmen Bohlen & Doyen und Franz Stark, Großefehn.
1962	Einstieg in den Wasserbau.
03.10.1962	Kauf des ersten Hydraulikbaggers „Liebherr R 353".
1962	Kauf des fünften „Fuchs"-Baggers.
09.08.1963	Kauf des zweiten Hydraulikbaggers „Liebherr R 360".
1963	Bau des Bürogebäudes, erster Bauabschnitt.
1963	Kauf des ersten „Weserhütte"-Seilbaggers W 4.
1963	Kauf des sechsten „Fuchs"-Baggers und des achten LKW.
1964	Einstieg in den Pipelinebau für die Firma E. W. Smit, Niederlande.
1964	Grundstückszukauf und somit Erweiterung des Betriebsgeländes.
06 / 1965	Beteiligung am Betonwerk Wiesmoor GmbH & Co. KG.
01.12.1965	Einstellung des kaufmännischen Mitarbeiters Gerhard Harms.
1965	Einrichten einer Baumschule und einer Nerzfarm im Ortsteil Voßbarg. In der Nerzfarm wurden später bis zu 8.000 Tiere gehalten.
1965	Das Unternehmen zählt inzwischen 70 Mitarbeiter.
1967	Einstieg in den Dükerbau.
1967	Bau der zweiten Reparaturhalle.
1968	Bau der ersten Gasdruckregel- und Meßanlage.

CHRONOLOGIE 1969 - 1992

1969	Erster Auftrag von der BEB für eine Gasleitung bei Lüneburg.
1969	Grundstückszukauf - Erweiterung des Betriebsgeländes.
01.04.1970	Die Belegschaft ist auf 110 Mitarbeiterinnen und Mitarbeiter angewachsen.
	Es gibt inzwischen 11 Seil- bzw. Hydraulikbagger.
1972	Erweiterung des Bürogebäudes, zweiter Bauabschnitt.
1973	Grundstückszukauf - Erweiterung des Betriebsgeländes.
01 / 1974	Gründung der Rohrbau Rendsburg GmbH, zusammen mit der Firma Ludwig Freytag je 50 % Anteile.
1974	Grundstückszukauf - Erweiterung des Betriebsgeländes.
15.01.1975	Das Unternehmen Bohlen & Doyen feiert sein 25jähriges Firmenjubiläum. Inzwischen sind 235 Mitarbeiterinnen und Mitarbeiter beschäftigt. Zum Gerätebestand gehören 21 Seil- und Hydraulikbagger.
1976	Erster Auslandsauftrag bei der Verlegung einer Wasserleitung im Persischen Golf.
28.04.1976	Beteiligung am Beton- und Plattenwerk Westerstede.
01.08.1978	Eintritt von Martin Bohlen in die Bohlen & Doyen GmbH.
12.11.1979	Beteiligung an der Entsorgungsreederei GmbH & Co. KG.
1979	Gründung des Unternehmens Bohlen & Doyen Bau in Nieder-Olm, Rheinland-Pfalz.
1979 - 1982	Bundesweit herrscht ein Konjunkturtief in der Bauwirtschaft, was eine schlechte Auftragslage bei BoDo zur Folge hat.
1980	Das Unternehmen zählt inzwischen 500 Mitarbeiterinnen und Mitarbeiter.
01.10.1981	Alfred Doyen tritt in die Bohlen & Doyen GmbH ein.
1982	Erste Pipelineaufträge von den Firmen Ruhrgas und Erdgas Münster.
1982	Einsatz der ersten Kabelmeßfahrzeuge.
1982	Beteiligung an der GBU - Gesellschaft für mittelständische Beteiligungen.
1983	BoDo betreibt im Namen der Stadt Wilhelmshaven die Abfalldeponien der Stadt.
06.03.1983	Der BoDo-Mitarbeiter Wilfried Bohlsen wird in den Deutschen Bundestag gewählt.
1985	Das Unternehmen zählt inzwischen 600 Mitarbeiterinnen und Mitarbeiter.
29.07.1985	Gerd Doyen tritt in die Bohlen & Doyen GmbH ein.
28.04.1986	Gründung der Bo-Do Wasserbau GmbH mit Sitz in Leer.
01.11.1987	Horst-Edgar Hartz tritt in das Unternehmen ein und wird zum Geschäftsführer berufen.
17.12.1987	Die Junioren Martin Bohlen, Alfred Doyen und Gerd Doyen werden zu Geschäftsführern berufen.
23.12.1988	Gründung der Bohlen & Doyen Aktiengesellschaften. Heinrich Bohlen und Heinrich Doyen wechseln in den Vorstand.
30.01.1989	Gründung der Bohlen & Doyen Grundstücksverwaltungs GmbH.
26.06.1989	Gründung der Bohlen & Doyen Deponieverwaltung GmbH.
09.11.1989	Die innerdeutsche Grenze fällt.
1990	Einstieg in das Verfahren der Horizontalbohrtechnik.
1990	Das Unternehmen zählt inzwischen 740 Mitarbeiterinnen und Mitarbeiter.
12.02.1991	Gründung der GWU Gas-Wasser-Umwelt GmbH, Gommern.
03.12.1991	Gründung und Beteiligung am Spannbetonwerk Hennickendorf GmbH & Co.
11.04.1991	Gründung der Rohrbau Bohlen & Doyen in Meiningen.
05.02.1992	Kauf des „Amey-Geländes" mit Halle (8.203 m²).
11.02.1992	Gründung der Bohlen & Doyen Immobilien GmbH.
24.03.1992	Gründung und Beteiligung an der BVM Betonprodukte GmbH, Hennickendorf.

CHRONOLOGIE 1992 - 2000

15.05.1992	Gründung der Bohlen & Doyen Anlagenverwaltung GmbH.
07.07.1992	Gründung der BDV Bohlen & Doyen Versorgungstechnik GmbH, Müllrose.
05.10.1992	Beteiligung an der Firma RAS Rohrleitungs- und Anlagenservice GmbH, Meppen.
06.11.1992	Kauf des Geländes der Schröder KG mit Hallen (14.453 m²).
14.12.1992	Gerhard Harms wird zum Geschäftsführer der Bohlen & Doyen GmbH berufen.
15.12.1992	Gründung des Unternehmens Bohlen & Doyen Submarine Cable & Pipe in Hamburg.
12 / 1992	Kauf der „MANTA" und Überführung von Swinouscie (Swinemünde) nach Leer, Anteile: BoDo 70 %, Reederei Hermann Buss, Leer, 30 %.
09.02.1993	Gründung und Beteiligung an der RAKW Königs Wusterhausen. Anteile: BoDo 50 % , Ludwig Freytag 50 %
02.03.1993	Gründung der Bohlen & Doyen Vermögens GmbH.
26.08.1993	Übernahme der Jade-Dienst GmbH, Wilhelmshaven.
12.05.1994	Gründung und Beteiligung an VIS & MOS Ltd. , Uljanovsk. Anteile: BoDo 50 %, Strojtransgaz 50 %.
15.08.1994	Verschmelzung der Rohrbau Bohlen & Doyen Meiningen mit der GLU Gesellschaft für Leitungsbau und Umwelttechnik mbH in Erfurt.
01.10.1994	Gründung der Betriebskrankenkasse BKK Bohlen & Doyen.
30.11.1994	Beteiligung an der OSAE Gesellschaft für Seevermessung mbH.
30.11.1994	Beteiligung an der Baltic Hydrographischer Service Gesellschaft für Seevermessung mbH.
20.12.1994	Gründung der LVU Leitungs- und Versorgungssysteme GmbH, Leipzig.
1994	Anlandung der EUROPIPE - größte technische Herausforderung für das Unternehmen.
01 / 1995	Das erweiterte Verwaltungsgebäude kann bezogen werden. Es stehen insgesamt zur Verfügung: 102 Büros, 7 Konferenzzimmer, 1 Versammlungsraum für ca. 150 Personen.
1995	Zertifizierung nach DIN ISO 9001.
1995	Das Unternehmen zählt über 2.000 Mitarbeiterinnen und Mitarbeiter.
20.05.1996	Gründung der Bohlen & Doyen Anlagenbau GmbH & Co.
11.06.1996	Gründung der Bohlen & Doyen Serviceconsulting GmbH & Co.
02.10.1996	Gründung der drei Aktiengesellschaften: Bohlen & Doyen Holding AG Bohlen & Doyen Bau & Service AG Bohlen & Doyen Vermögensverwaltung AG
01.01.1997	Öffnung der BKK Bohlen & Doyen auch für andere Unternehmen.
28.08.1997	Die Junioren Martin Bohlen, Alfred Doyen und Gerd Doyen sowie Gerhard Harms werden zu Vorstandsmitgliedern berufen. Gleichzeitig werden Heinrich Bohlen und Heinrich Doyen in den Aufsichtsrat gewählt.
05.03.1998	Berufung von Peter Rathmann zum Geschäftsführer der Bohlen & Doyen Anlagenbau GmbH & Co. sowie der Bohlen & Doyen Serviceconsulting GmbH & Co.
23.06.1998	Gründung der Bohlen & Doyen Shipping Ltd. , Zypern.
14.12.1998	Übernahme der „MANTA"- Anteile von der Reederei Buss.
17.12.1998	Gründung der MS Bodo Supplier GmbH & Co. KG.
12.05.1999	Berufung von Werner Fredrich und Johann Lienemann zu Geschäftsführern sowie Heino Jänsch zum Prokuristen der Bohlen & Doyen GmbH.
14.05.1999	Verleihung des Verdienstkreuzes am Bande des niedersächsischen Verdienstordens an Heinrich Bohlen und Heinrich Doyen.
07.09.1999	Das Vorstandsmitglied Gerhard Harms verstirbt unerwartet mit 59 Jahren.
01.10.1999	Geschäftsführer Dipl.-Ing. Horst-Edgar Hartz wird in den Ruhestand verabschiedet.
12 / 1999	Personalstand: 2600 Mitarbeiterinnen und Mitarbeiter.
15.01.2000	Jubiläum 50 Jahre Bohlen & Doyen.

*Die Firmengeschichte wurde in Wort und Bild auf-
gearbeitet von Wilfried Bohlsen*

Wilfried Bohlsen trat am 1. April 1970 in
das Unternehmen ein und war bis März
1983 als Einsatzleiter für Personal und
Geräte tätig. Von 1983 bis 1994 gehörte
er dem Deutschen Bundestag an. Im Oktober 1994 kehrte er in das Unternehmen
zurück.

*Kerstin Rathmann war an der schriftlichen Gestal-
tung der Chronik maßgeblich beteiligt*

Kerstin Rathmann trat am 1. Mai 1991 in
das Unternehmen ein und war als Sekre-
tärin für die technische Geschäftsführung
und danach für den Vorstandsvorsitzenden
tätig.

Abendstimmung auf dem BoDo-Landungsboot "Flunder"